가상화폐 &
비트코인 대폭락장에도
살아남는 투자수업

가상화폐 &

비트코인 대폭락장에도
살아남는 투자수업

초판 인쇄 2022년 5월 10일
초판 발행 2022년 5월 15일

지은이   이영호
펴낸이   김태헌
펴낸곳   스타파이브

주소   경기도 고양시 일산서구 대산로 53
출판등록 2021년 3월 11일 제2021-000062호
전화   031-911-3416
팩스   031-911-3417
전자우편 starfive7@nate.com

대폭락? 찐반등?
가상화폐 & 비트코인
현장 취재 이야기

이영호 지음

가상화폐 &
비트코인 대폭락장에도
살아남는 투자수업

왜 **내가 매수**하면 **가격이 하락**하는가?
왜 **내가 매도**하면 **가격이 상승**하는가?

이야기로 배우는 가상화폐 변동성 이야기

그러니까 이 글을 탈고하기 얼마 전의 모습입니다.

봄나물 밥상을 준비하려 들른 재래시장에서 아줌마들이 가상화폐를 이야기합니다. 간식거리를 사러 집 앞 마트에 들렀을 때는 초등학생을 둔 엄마들이 걸어가며 비트코인 투자를 이야기합니다.

인터넷이라고 사정이 다르지 않습니다.

젊은이들이 비트코인과 가상화폐 투자에 대해 질문합니다. 우리나라뿐 아니라 지구촌 청장년들이 스마트폰을 들고 그 안에서 가상화폐를 채굴하거나 가상화폐 투자를 하고 있는 상황입니다.

그래서 이 책에는 비트코인과 가상화폐를 사고팔며 돈 버는 노하우know-how를 우선적으로 취재하였습니다.

가상화폐 비트코인?

현실은 이렇습니다.

급상승장이 오듯이 대폭락장도 반드시 옵니다.

그래서 떡락장(급하락 시장)에서도 떡상(급등 시장)하는 종목을 고르는 법, 존버(가격 상승까지 버티기)하지 않고도 제대로 된 알트코인(비트코인 외에 다른 가상화폐들) 하나만 잘 찾아내서 수십% 이상 이익을 남기는 법, 반등과 하락 사이 가격 차이를 공략하여 단타를 쳐서 수익 내는 법 등에 대하여 취재하였습니다.

단, 부동산도 오르고 모든 물가가 오른다고 푸념하는 분들에게 이 책 한 권이 쏠쏠하게 돈 버는 재테크 가이드가 될 수 있을지에 대해선 제 판단은 유보하겠습니다.

저로서는 이 책에서 가상화폐와 비트코인의 과거와 현재 그리고 미래에 대하여 조금 더 깊이 들여다보고자 하였기 때문입니다. 비트코인과 가상화폐의 결말이 어떻게 될 것인지 궁금했던 이유가 있습니다.

우선은 2008년 글로벌 금융 위기가 불어닥쳤을 때 'Satoshi Nakamoto(사토시 나카모토)'라는 사람(또는 단체)이 중앙집권적 금융통제의 위험성을 지적하며 탈중앙화 화폐로 2009년에 첫선을 보인 비트코인에 대해 이야기 합니다.

이어서 가상화폐가 가져올 우리들의 미래에 대해 전망합니다.

탈중앙화 기치를 내걸고 개인간 금융거래를 내세우며 등장한 가상화폐는 우리들의 삶에 실제로 도움이 될까요?

통제받지 않는 화폐(또는 자산)가 경제 생태계 참여자들의 평안한 삶을 보장할까요?

익명성이란 게 좋기만 한 걸까요?

완벽한 익명성이 보장되면 어떤 상황이 생길까요?

가상화폐를 더 가진 자와 덜 가진 자의 경제적 차등은 어떻게 유지될까요?

은행에 돈이 없다면 은행강도가 완전히 사라질까요?

가상화폐를 훔치려는 도둑들은 어떻게 계획할까요?

그래서 이 책에서는 궁금증을 풀 실마리를 찾기 위하여 여러 사례를 찾아봅니다.

첫째, 비트코인을 처음 시작한 사토시 나카모토는 비트코인을 최초로 직접 채굴하면서 자신의 지갑에 모아두기만 하는 걸로 알려집니다. 이게 사실이라면 그가 가진 비트코인은 2021년 3월 시점 기준으로 110만 개. 원화로 환산하면 약 80조 원에 해당하는 금액입니다. 그는 자기가 모은 비트코인을 어떻게 사용하려고 할까요?

둘째, 탈중앙화를 내세운 가상화폐가 등장하였는데 어떻게 된 일인지 가상화폐를 가장 많이 갖고 있는 사람들은 대부분 기존에 재벌들이거나 부유층인 걸로 보입니다. 왜 그럴까요? 서민들은 가상화폐를 많이 갖고 싶어도 돈이 부족해서 그렇게 할 수가 없었습니다.

가상화폐에 투자(?)해서 돈을 버는 서민들은 극히 일부입니다. 하지만 그들 역시 큰돈을 버는 것은 아닙니다.

돈을 많이 불렸다?

이상하죠? 사람들은 가상화폐 투자로 번 돈으로 부동산을 삽니다. 은행에 저축합니다. 이것은 중앙집권적 금융 생태계로 가져가는 현상일 것입니다. 탈중앙화를 내세운 가상화폐가 중앙화가 되어 가고 있습니다. 결과적으로 자본세력과 금융기관들에게 돈이 더 자꾸 모입니다.

셋째, 자본세력이나 금융기관들은 가상화폐가 자산일 뿐이라고 이야기합니다. 비트코인이나 가상화폐가 탈중앙화를 외친다고 하였으나 가만히 보니 사람들이 오히려 돈을 다시 중앙으로 가져다주고 있습니다.
각국에서 경기부양을 위하여 통화량을 늘리는데 정작 필요한 곳에 쓰이는 게 아니라 대부분 가상화폐 투자에 쏠리고 있습니다. 그렇게 불어난 돈은 다시 자본세력과 은행으로, 정부로 돌아갑니다. 돈의 흐름이 골고루 쓰이지 못하고 극히 제한된 곳에서 순환이 반복되면서 경기는 더욱 어렵게 될 우려가 생깁니다. 탈중앙화라는 가상화폐의 취지(?)와는 전혀 다른 방향으로 흐르게 되죠. 각국 금융계 수장이 이따금 가상화폐를 화폐가 아니라 자산이라고 평가절하하려는 이유가 아닐까요?

비트코인이나 가상화폐가 화폐로서 통용되지 못하고 '자산'이 될 수밖에 없는 이유는 사람들 스스로가 화폐로 인식하고 있지 않기 때문입니다. 화폐라고 부르지만 '아직은' 화폐로 쓸 수 없는 것입니다,

일론 머스크처럼 자동차를 사는데 가상화폐를 사용해도 된다고 하여도, 더 나아가 화성에 이주한 사람들이 사용할 화폐라고 할지라도 막상 실제 소비까지 이어지려면 세금부담 등처럼 여러 장애요인이 있는 것이죠. 가령, 비트코인을 채굴하는 대부분의 사람들은(심지어 사토시 나카모토의 경우도) 비트코인을 채굴해서 시장에 풀지 않고 있습니다. 갖고만 있죠. 소비진작이 안 되는 것입니다.

넷째, 가상화폐가 실제로 화폐가 된다면 언제부터, 어디서부터일까요?

인터넷에서 결제하는데 먼저 쓰일 것이고, 오프라인 가게에서도 지불수단이 될 수 있을 것입니다. 그런데 실생활에서 사용될 수 있으려면 전제 조건이 필요합니다. 복제를 막고, 해킹을 막고, 실시간 가치인증이 되어야 하고, 가상화폐들 사이에 가치변동이 합리적이어야 하며, 화폐로서의 가치를 공증해줄 공공기관 등이 필요합니다.

화폐가 되려면 가치저장 수단은 안 되더라도 가치인정이 필수이기 때문입니다. 가치인정을 공감받지 못하면 필연적으로 무질서가 생기게 됩니다. 가치정도에 대해 의견차를 두고 사람들이 서로 싸우면서 가상화폐에 의한 거래는 끊어진다면 그 생태계는 소멸될 운명에 처합니다.

그래서 가상화폐 생태계를 위한 새로운 통제장치가 필요하게 될 수 있는데 그게 사람이 아니라 인공지능이 될 수도 있습니다. 사람들이 사람을 못 믿는 상황에서 컴퓨터프로그램에게 판단을 맡기게 되는 것이죠. 컴퓨터가 만든 돈을 컴퓨터가 통제하는 상황이 벌어집니다.

아무도 경험하지 못한 극도의 '컴퓨터통제지옥'이 탄생하지 않을까요?

왜냐구요?

비트코인 채굴은 사람에게나 어려운 일이기 때문입니다. 인공지능으로선 무궁무진하게 가상화폐를 만들 수 있고 비트코인 채굴도 금방 쉽게 할 수 있어서입니다.

인공지능이 시키는 거 잘 듣는 사람들에게만 가상화폐가 주어질 수 있습니다.

요즘엔 가상화폐 만드는 게 어려운 것도 아닙니다. 가상화폐 이름과 발행수량만 설정하면 수분만에 새로운 가상화폐를 만들어내는 컴퓨터프로그램도 다수 있습니다.

다섯째, 가상현실과 증강현실, 반증강현실. 혼합현실, 메타버스, 드론과 로봇. 자율주행차. 아마존 오지까지 인터넷을 연결하는 통신위성들. 인공지능과 사물인터넷이 일상이 되는 세상에서 비트코인과 가상화폐의 힘은 권력이 될 것입니다. 인간은 탈중앙화를 외쳤지만 오히려 그것은 보이지 않는 중앙집권적 권력인 가상화폐에 지배당하는 (또는, 가상화폐와 인공지능을 소유한 극소수의 플랫폼에게 지배당하는) 여러분들이 될 수 있어서입니다.

한편, 세상은 가상자산에 의한 경제로 이동하고 있습니다.

각국 중앙은행에서는 디지털화폐를 준비 중이고 글로벌 기업들은 스테이블 코인을 발행합니다. 2021년에는 디지털자산 거래소에 대한 관련 법률이 시행되었고 2022년부터는 가상화폐 거래에 의한 수익에 대해 소득세 징수 시점을 거론하고 있습니다.

바야흐로 디지털자산경제로 급속도로 이동하는 시대에 이 책이 비트코인과 가상화폐에 대한 이야기를 기록해두려는 이유는 곧 다가올 미래를 준비해두려는 첫걸음이기도 합니다.

이 책에 등장하는 '미스터리 K'는 가상화폐 분야의 세력이자 우리들 자신이기도 합니다. 필자는 여러분을 대신하여 가상의 K를 통해서 비트코인과 가상화폐의 현재와 미래에 대해 이미 시작된 '변화된 세상'에 대하여 이야기하고자 합니다.

자, 그러면 준비되셨나요?

알 듯 모를 듯 미스터리에 숨겨진 '가상화폐 & 비트코인 투자수업'에 대하여 지금부터 가상대담을 나눠보고자 합니다.

본 도서에서 비트코인 등의 가상(암호)화폐에 대한 투자 방법 등의 내용은 가상화폐와 비트코인의 미래에 대한 내용을 다루면서 독자들의 이해를 돕기 위한 정보제공을 목적으로 작성된 가상대담입니다.

본 도서에 수록된 내용은 신빙성 전혀 없는 자료 및 정보를 바탕으로 얻어진 것은 아니오나 어찌 되었든 디지털 자산투자는 투기적 수요 및 국내/외 규제환경 변화 등에 따라 급격한 시세변동에 노출될 수 있어서 그 정확성이나 완전성을 보장할 수는 없으므로 디지털 자산의 투자판단 책임은 투자자에게 있으며 발생가능한 손실도 투자자 본인에게 귀속되므로 최종 투자결정은 투자자 자신의 판단과 책임하에 하셔야만 합니다.

따라서 본 도서에 수록된 내용은 필자의 현장취재를 바탕으로 구성된 가상대담이기에 어떠한 경우에도 가상화폐 또는 비트코인 투자자의 투자결과에 대한 법적 책임소재의 증빙자료로 사용될 수 없습니다.

본 도서는 취재 후 기록이라는 현장감을 독자들에게 전달하고자 '대화체'의 가상대담으로 구성되어 있습니다.

Contents

01

돈 버는 가상화폐
– 가상화폐 거래, 이렇게 하면 수익?

K   안녕하세요. K입니다.

필자   안녕하세요.

        어려운 시간 내주셔서 감사합니다.

        본론부터 바로 여쭤보겠습니다.

K   네.

필자   가상화폐 투자. 어떻게 하면 돈을 벌 수 있나요? 종목분석 방법이라든지 노하우가 있을 거 아닙니까?

        대폭락장이다 그래도 살아남는 비법 같은 게 있습니까? 투자라는 게 상승장도 있고 하락장도 있겠지만요.

K   그 질문하실 거란 예상은 했습니다만, 첫 질문이라니 신선하네요. 그럼 질문을 하셨으니까 대답을 드려야겠네요.

필자   기대합니다.

K   예를 들죠,

        필자님에게 100만 원이 있다고 해보죠.

가상화폐에 투자하시겠습니까?

만약에 투자한다면

얼마를 투자하시겠습니까?

필자 저는 30만 원만 해보겠습니다.

30%죠.

나머지 70%는 저의 삶을 위하여 잘 써야 하니까요. 만약에
투자가 실패하면 굶게 되니까, 그래도 직장 다니며 다시 돈
을 모을 수 있을 때까지 버티려면 70만 원은 들고 있어야
할 거 같아요.

K 하하. 필자님은 가진 돈 모두를 잃게 되어 있습니다.

필자 네 그게 무슨 말이죠?

저는 30%만 투자하고 나머지 70%는 안 할 건데요?

K 가상화폐는 필자님의 모든 돈을 원하거든요. 고작 30% 먹
겠다는 게 아닙니다.

필자님의 돈 100%를 빼앗아야만

필자님을 잡아둘 수 있으니까요.

필자 네? 잡아둔다니요?

K 가상화폐. 이름부터가 이상하죠?

디지털코드인데 화폐라는 말을 붙입니다.

이른바 '기호'같은 건데 '돈'이라는 거죠. 애초에 말이 안 됩
니다.

다시 말하지만, 가상화폐는 돈이 아닙니다. 디지털 코드일 뿐입니다.

그런데 사람들이 가상화폐라고, '돈'으로 생각하게 만들어야만 하죠.

그래야 돈을 벌려고 기를 쓰고 가상화폐에 몰입할 거잖아요?

사람들에게 '돈을 번다'는 명분을 주는 거죠. '돈복사'?

돈으로 돈을 번다는 것도 거짓말이죠.

필자 어려운데요.

그 이야기는 나중에 다시 말씀해주시고요.

그래서 어느 종목에 투자를 해야 할까요? 그것부터 말씀해주세요.

K 그럴까요?

우선 필자님은 30만 원으로 거래할 수 있는 종목을 찾으실 겁니다.

30만 원으로 최대한 많이 살 수 있는 가상화폐. 제일 싼 코인을 찾으려고 하겠죠.

그 다음엔요?

마음에 드는 코인이 몇 개 된다면 그 30만 원을 분산시켜서 매수하려고 하실 겁니다. 3종목이라면 각 10만 원씩으로요.

필자 음. 그건 부정할 순 없군요. 아마 그럴 겁니다.

K 그렇게 해서 아무 종목이나 투자하세요.

기다리면 오릅니다.

필자 네? 거짓말.

그렇게 투자하다가 다들 돈 잃었다니까요.

K 하하하.

그건 세력의 습성을 몰라서 그러는 겁니다.

필자 세력이라니요?

K 코인 업계에는 세력이 있습니다.

물론, 겉으로 드러나 보이진 않죠. 하지만 분명히 있습니다.

세력들은 큰돈을 굴리는 사람들을 의미하는데요, 적게는 10억 원에서 일반적으로 100억 원대 정도를 움직입니다.

수천억 원 그 이상 되는 돈을 움직이는 세력들도 있죠.

필자 아니, 그러니까.

그 세력들은 누구인가요?

K 다양합니다. 큰돈을 번 크리에이터나 스트리머, 연예인들도 있고요.

대부업하던 사람들도 있고요,

부유층 자산가들도 있고요.

이들이 코인에 들어와서 시세조종도 하고

시장을 움직이는 거죠.

필자 혹시 K도 세력인가요?

K 노 코멘트하겠습니다.

필자 그래서 30만 원으로 얼마나 돈을 딴다는 건가요?

K 30만 원 정도면 몇 원짜리 코인이나 몇십 원짜리 코인을 많

이 살 수 있죠?

코인당 10만 원씩 투자하면 3개 종목 정도 삽니다.

코인을 매수한 후에는 그냥 기다리세요.

그리고 '대장'이 어떻게 움직이나

지켜보기만 하면 됩니다.

필자 대장이요?

아까 그 세력들의 대장 말인가요?

K 아니요.

비트코인.

제일 가격이 높인 가상화폐.

코인하는 사람들이 '비트코인'을 부르는

은어가 '대장'입니다.

필자 아하.

비트코인이 코인의 '대장'이란 거군요.

그런데 그냥 기다리기만 하면 되나요?

왜 그렇죠?

K 세력들은 대장만 거래합니다.

거래소 밖에서 그들끼리만 거래하죠.

잘 보시면 아시겠지만, 거래소에서 거래되는 대장은 거래량이 아주 작아요. 대부분 소수점 이하의 수량들이죠.

무슨 말이야 하면 세력들이 거래소에 들어오지도 않는다는 겁니다.

세력들은 거래소 밖에서 움직이면서 대장을 사고 팔고 하죠.

모 기업 회장이 1조 원이 넘는 돈으로 비트코인을 샀다고 하죠?

거래소에서 샀나요? 아니죠?

그럼 어디서 샀을까요?

비트코인을 갖고 있는 사람에게 산 거죠. 거래소 밖에서 산 겁니다.

세력들은 거래소에 들어올 생각이 없어요.

필자 네?

아하. 대장 거래량이 적은 건 정말 확실해 보이네요. 뜻밖인데요.

모든 비트코인이 거래소에서 거래된다고 생각했었는데.

저뿐만 아니라 대부분의 투자자들도 그렇게 생각했을 거고요.

K 세력들은 이처럼 거래소 밖에서 대량 거래를 합니다.

몇 백억 원에서 조 단위로 움직이기도 하죠.

그 세력들이 돈 버는 거요?

간단합니다.

홀짝 게임인데요,

비트코인 가격이 오를 것인지 내릴 것인지 돈을 거는 거죠.

선물 거래입니다.

만약에 값이 오른다에 얼마, 내린다에 얼마 식으로 걸었다고 하죠?

오르면 오르는 %대로 벌고, 내리면 건 돈을 다 청산 당합니다.

반대의 경우도 마찬가지로 내린다에 걸면 내리는 대로 벌고요.

값이 오르면 청산 당하죠.

필자 세상에.

그러다가 만약에 뜻대로 가격이 움직이지 않는다고 하면요?

가령, 오른다에 돈을 걸었는데 거래소에서 가격이 내리면요?

K 일부 세력은 그럴 때 장난을 치죠. 돈장난인데요, 선물 거래에서 양쪽에 다 겁니다. 오른다에 얼마, 내린다에 얼마.

그래서 '세력'은 돈을 잃을 수가 없어요. 잃고 싶어도 잃을 수 없는 구조에요. 이거 말고 또 다른 장난도 있는데요.

필자 장난이요?

K 아실지 모르지만, 코인은 대장주 가격에 따라 변동성이 큽니다.

가령, 대장이 하락하면 다른 코인들도 하락할 가능성이 크죠.

반대로 대장 가격이 오르면 다른 코인들도 오릅니다.

거래하는 투자자들의 심리인데요.

대장이 하락하면 얼른 팔아서 현금을 갖고 있습니다.

그러다가 대장이 오르면 다른 가상화폐에도 투자를 하죠.

필자 그러면요?

K 대장 가격이 오르면

다른 코인들 가격도 오른다는 건

다른 코인 가격이 하락하면

대장 가격도 하락 가능성이 크다는 거죠.

그래서 세력들 입장에선 대장 가격이 하락하면 다른 코인을 건듭니다.

필자 왜요?

K 돈이잖아요? 벌어야죠. 잃으면 안 되죠.

세력들에게 돈은 곧 신(神)입니다.

대장 가격이 오른다에 걸었는데

대장 가격이 하락하면?

세력이 거래소에 들어옵니다.

시장에 참여하는 거죠.

왜냐구요?

사람들이 대장을 사야 대장 가격이 오르겠죠? 그런데 사람들이 돈이 없으니 어떻하겠어요? 세력이 들어와서 서민들에게 돈을 벌어주려는 거죠.

그래서 동전코인들, 일명 잡코인들을 골라서 펌핑을 시작합니다.

필자 펌핑이요?

K 네. Pumping.

코인장에선 '기사가 탔다'고도 표현하는데요. 괜찮은 코인 골라서 단타를 계속 쳐줍니다. '빔Beam을 쏜다'고도 표현하죠.

주로 단가가 낮고 파란불이 들어온 종목을 골라서 쳐주죠.

호재가 있으면 더 좋아요. 세력들에겐 큰 상관이 없지만요.

필자 주식시장에서 말하는 가격조작인가요? 불법 아니에요?

K 가상화폐 거래 관련 법률이 아직 완벽하게 갖춰지진 않았다고 보여요.

각국에서 화폐로 인정 안 하는 거고,

자산으로 인정하기 시작한 게 2021년 봄이에요. 관련 법안이 발의된 게 2021년 5월경입니다.

법이 아직 미비하니까, 세력들의 놀이터가 된 것이라고 볼 수 있죠.

그나마 2021년 3월경부터 거래계좌 실명제로 하기 시작했죠?

세력들은 거래소 밖에서 예의주시하고 있을 겁니다.

필자 비트코인이 처음 세상에 나온 게 2009년이죠. 10여년이 지나도록 관련 법률이 정비가 안 된 거군요?

K 그렇죠.

그러니까 가상화폐를 '금Gold'라고 부르는 거 같아요.

미국 서부지역에서 금 캐던 시대 있잖아요? 황야의 무법자? 그런 거죠.

먼저 캐는 사람이 임자인 거죠.

채굴이란 컴퓨터로 해시값을 구하는 건데

그래픽카드를 써야하니까, 어찌 생각하면

반짝이는 게 금 같다고도 볼 수 있겠죠?

덕분에 그래픽카드가격만 천정부지로 올랐고요.

전기료도 엄청 많이 들죠.

필자 그럼 본론으로 다시 돌아가보죠.

30만 원으로 10만 원씩

3개 종목을 샀다고 해보죠.

돈은 어떻게 벌 수 있나요?

K 그냥 기다리세요.

나머지는 세력들이 알아서 합니다.

가진 돈에서 많이 매수하려면 어떻게 하겠어요?

가격이 싼 코인을 사겠죠?

세력도 같아요.

가격이 싼 코인을 선택해서 슬슬 불을 당깁니다.

단가가 오르기 시작하죠.

그러면 어떻게 되겠어요?

사람들이 몰리죠? 단순하거든요.

차트? 안 봐요. 봐도 황당할 거예요. 차트 이론이랑 안 맞거든요.

주식시장에선 음봉이다 양봉, 삼봉이다 뭐 그런 게 많은데.

시세?

안 봐요. 트위터 계정이나 백서?

코인 투자하는 대부분의 사람들은 그런 거 잘 안 봅니다.

신문기사 검색해서 호재가 떴다 그러면 사는 사람이 대부분이에요.

필자 세력들이 조종하는 시장이라서 그렇다는 거죠?

그 덕분에 제가 만약 가격이 싼 코인을 사두면 오른다? 그

거고요.

K 네. 아직까지는요.

관련 법률이 완벽히 갖춰지면

그런 현상도 일부분은 사라질 거니까요.

근데 언제가 될진 모르죠.

각국에서는 코인을 화폐가 아니라고 하니까요.

자산이라고만 하지 적극적으로 법률 정비를 다 갖추려고 하

질 않아요.

아니면 못하는 것일 수도 있죠?

법률을 완벽하게 만들면 가상화폐를 인정하게 되는 거로 보

일 수도 있거든요.

필자 잠깐만요. 근데 궁금한 게 생기네요.

가령, 어떤 세력이 가격을 조종하는 코인을 봤어요.

그래서 나도 거기에 올라탄다? 그러면요?

돈을 더 벌 수 있는 거 아닙니까?

10만 원어치를 샀는데 그냥 기다릴 게 아니라 펌핑하는 코

인에 동참? 뭐 그런 거죠.

100만 원을 더 투자하는 거죠.

그러면 더 벌지 않을까요?

K 세력들은 누구보다도 코인판을 잘 압니다.

만약에 세력이 가격을 조종하는 종목이 있는데 누군가 더

올라탄다?

그러면 바로 뺍니다.

아니면 잠시 멈추죠.

가격 상승폭이 주춤하겠죠?

필자 네.

K 그러면 그 종목은 다시 가격이 하락하겠죠.

필자 아, 어렵네요. 그건 또 왜 그러는 거죠?

K 세력들이 가격 조종하는데 누군가 탔어요.

그러면 세력은 잠시 멈춥니다.

누가 탔는지 정체를 봐야죠.

필자 정체를요? 어떻게요? 전화 걸고 그러나요?

K 아니요.

돈을 얼마나 가졌나 기다리는 거죠.

세력이 돈을 안 지르면 어떻게 되겠죠?

상대가 돈 많은 사람이라면 더 지를 것이고요. ('지르다'는
'매수한다' 의미입니다.)

또 다른 세력이라면? 돈을 빼겠죠?

또 다른 세력이라면 누구겠어요?

필자 선물시장에서 대장 가격이 내린다에 베팅한 사람들?

K 그렇죠.

필자 그러면, 그 짧은 시간에 세력들끼리 경쟁하는 건가요?

누가 누군지 알 수가 없잖아요?

K 그러므로?

필자 아... 그래서 기다려라?

줄력이 알아서 올려줄 때까지?

K 딩동댕.

같이 올라타더라도 세력 흉내는 말아라.

소액으로 올라타라. 그거죠.

몇백만 원씩이라도 올라타면? 세력이 펌핑을 멈출 수 있다.

필자 그러면 진짜 소액으로 돈 벌기엔 최고 아닌가요?

몇 십만 원 단위로 투자해두고 기다리기만 하면 돈을 벌잖아요?

세력들이 시세 조종하는 거 올라타게 되면 더 벌고요.

수백만 원은 그냥 벌겠는데요?

K 그건 세력들이 더 바라는 현상이기도 하죠.

필자 그건 왜죠?

다른 사람들이 돈을 덜 벌어야 세력들이 더 버는 거 아닌가요?

치킨게임이라고 하잖아요?

K 아니죠.

세력들로선 코인판에 사람들이 자꾸 들어오는 게 좋아요.

그래서 일부러 사람들을 돈 벌게도 해주죠.

소문내는 거예요.

돈 번 사람들이 주위 사람들에게 자랑할 거잖아요?

그러면 사람 욕심이란 게 있어서 더 오는 거죠.

사람들이 몰려야 판이 커지고요.

필자 세력들이 돈 벌게 해준 사람들이란 다른 사람들을 끄는 좋은 미끼?가 될 수도 있네요?

K 그렇죠. 그걸 바라는 거죠.

소문나는 거. 부러우면 사람들이 오거든요.

그래서 필자님은 가진 돈 다 잃게 된다고 말씀드린 거예요.

그리고 못 보셨어요? 각국 정부에서 코인을 압박하려는?

그런 기사가 보이면 서민들이 반발하잖아요? 서민들이 반발하는 거거든요.

솔직히 세력들은 코인 없어도 돈 많아요.

그런데 서민들은 입장이 다르죠.

직장생활에 찌들리고 취업이 안 돼서 고민이고 했잖아요?

그런데 수 초 만에, 며칠 만에 투자한 돈에 배 이상을 번다고 해봐요.

이거다 싶겠죠?

뭔가 희망고문에 갇히는 거예요.

필자 잠깐만요. 희망고문이라고 하셨는데요…

코인에서 돈을 버는 게 희망고문이 되나요?

K 네. 안타깝지만 현재는 그런 면이 크죠.

서민이 코인에 투자해서 벌 수 있는 돈은 한정되어 있어요.

운 정말 좋아서 수억 원을 벌었다고 하죠?

그러면 바로 발을 빼기를 추천해요.

머뭇거리다간 그 돈 다시 다 뱉어내게 되거든요.

필자 그건 왜죠?

K 서민이 코인판에서 돈을 벌잖아요?

그건 진짜 운이에요.

실력이라고 착각하면 안 돼요.

코인판에서 동전코인들로 돈 벌었으니까

이제 돈 더 넣어서 더 큰 돈 벌어보자?

그렇게 생각하면 안 돼요.

코인을 자기가 잘 골라서 돈 벌었다고 착각한 거거든요.

그럼 뭐 하려고 하겠어요?

대장을 사고 팔려고 하겠죠?

그런데 대장은 세력들이 움직이며 노는 거예요.

서민이 거기 끼면? 돈 잃는 게 당연해요.

그럼 돈 잃으면? 사람이란 게 본전 생각나거든요.

특히 오래 걸려서 돈 번 건데 순식간에 돈 잃으면요? 본전

생각 간절해지죠. 그래서

고위험에 눈길을 주게 되고요, 세력들이 노는 데 끼려고 해

요.

선물에 손대는 거죠. 그러면 그 즉시 끝나는 거라고 봐야
해요.

오르는 데 얼마, 내리는 데 얼마?

그런 식으로 돈을 걸다 보면 버는 건 운 좋게 몇 배 벌 수도
있긴 해요.

그런데 한 번 실수하면? 선물에 건 돈 다 날려요. 눈 깜짝
할 사이보다 더 빨리요.

청산 당하죠. 특히 세력들이 장난이라도 치면? 그냥 거지
되요.

'아야' 소리도 못 하고 그냥 벼락거지?

그거 되는 거예요.

필자   아... 안타까우면서도 씁쓸한 심정이네요.

아니, 그러면 가상화폐 거래로 서민이 돈 버는 방법은 전혀
없나요?

세력이 돈 벌어주는 걸로 만족해야 되는 건가요?

K   돈 버는 방법이야 없지 않죠.

있긴 있습니다.

제일 좋은 방법이고 편안하게 돈 버는 것은 여윳돈만큼 사
두었다가 나중에 올랐을 때 파는 거고요.

뇌동매매만 안 하면 될 것 같습니다.

필자 뇌동매매라니요? 그건 뭔가요?

K 깊이 생각해서 '이럴 것이다' 혼자 결정하고 투자하는 거예요.

그것만 안 하면 돈 벌 가능성은 있습니다.

필자 언뜻 이해가 안 되는데요.

투자라는 게 본인 판단에 자기 책임인데.

그럼 생각하지 말고 투자하라는 건가요?

K 뇌동(腦動)매매는 사실 세력들도 조심하는 거예요.

세력들은 생각을 오래 하는 걸 삼가죠.

본능적인 감에 의지하는 사람도 있고 뭐 그렇죠.

사실 뇌동매매라는 게 뇌가 움직이는 대로 투자한다는 건데요.

가상화폐 거래는 뇌가 생각하는 대로 이뤄지는 게 절대 아니거든요.

생각하는 대로 돈 버는 거라면 다들 부자 되겠죠.

근데 현실은 안 그렇잖아요?

필자 흠. 어렵네요.

K 말씀이 일리가 있는 거 같아요.

아니, 그러면 소액투자자?

돈 없는 서민들은 어떻게 해야 가상화폐로 돈을 벌 수 있나요?

세력이 올려줄 때까지 기다리는 것 말고요.

K   우선 이런 말씀을 드리고 싶어요.

투자는 반드시 여윳돈으로 해야 한다는 점. 생계비도 빠듯

한데 투자하는 건? 절대 하면 안 돼요!

필자   생계비를 벌려고 가상화폐 투자를 하면 안 되나요?

K   다시 말하지만요,

투자는 심리 싸움이에요.

이걸 아셔야 해요.

가령, 돈이 모였어요. 다들 오르는 종목만 보죠. 코인을 기

웃거리는 사람들은 다들 돈을 쥐고 있죠.

코인판을 기웃거리는 사람들 심리는 똑같아요.

돈을 벌자. 딱 그거 하나예요.

근데 나중에 보면 돈을 잃는 사람들이 대부분이죠.

왜 그럴까요?

심리 싸움에서 져서 그래요.

심리전에서 밀리면 백전백패 당해요.

심리전에서 느긋하려면 여윳돈으로 해야 하는 이유에요.

필자   여윳돈으로 투자해야 심리적으로도 안정된 상태에서?

마음 편하게? 잃어도 그만이라는 생각으로 한다는 뭐 그런

건가요?

K   네. 그렇죠.

예를 들어볼게요.

주식 거래하는 사람들이 있어요.

싼 주식을 사서 많이 올라야 돈을 많이 버는 거잖아요?

근데 돈 많은 사람들이 왜 비싼 주식을 사는지 아세요?

돈이 많아서? 절대 아니에요.

필자 음. 그건 왜 그렇죠?

K 돈 많은 사람들은 안정을 원해서 그래요.

투기를 원하지 않아요.

돈 많으면 돈 많이 쓸 거라고 생각하는 사람들이 있더라고요.

천만에요. 안 그래요.

그거 아세요?

부자들은 돈을 안 써서 부자가 된 거예요.

가난한 사람은 돈을 써서 가난한 거고요.

가난한 사람이 갑자기 돈을 벌잖아요?

대부분의 경우 '그 놈의 돈'이라고 마치 원수진 것마냥 막 써요.

잠깐 돈맛을 보고 다시 가난으로 가는 지름길이죠.

제가 그전에 우리나라 굴지의 회장님댁 이야기를 들었어요.

필자님도 집에 커튼이랑 침대보, 식탁보 같은 거 있잖아요?

그 회장님도 가게 한 곳을 지정해두고 거래한대요.

그런데 그거 아세요?

커튼을 달고 15년이 지나도록 바꾸지 않더래요.

돈 많으면 유행 따라 계절 따라 커튼 바꾸고 그럴 거 같잖아요?

우리나라 굴지의 대기업 회장님댁인데요.

손님들도 많잖아요?

그런데 안 그렇대요.

그 회장님댁이랑 거래하는 커튼가게 사장 이야기가 그래요.

오래 되고 옛날 커튼인데 그냥 쓴대요.

돈 많다고 돈 많이 쓰는 게 아니에요.

돈 절약할 줄 알아서 부자 되는 거예요.

필자 아하.

그런데 돈 없는 사람이 비싼 코인 사는 것도 어렵잖아요?

안정을 원하지만 돈이 부족하니까요.

K 그래서 여윳돈으로 하시라는 말씀을 드리는 거죠.

코인 투자는 반드시 여윳돈으로 하시고요.

코인에 투자하시기 전에 우선 자신의 경제 여건을 봐야 해요.

월 생계비랑 연간 필요한 돈을 빼고도 남는 돈이 있다면 가능해요.

그 돈으로 하는 건데,

그것도 100만 원이라면 그중에 30%만요.

여윳돈에서 다시 여윳돈을 쓰는 거죠.

여윳돈이라고 해도 코인에 전부를 걸면 안 돼요.

다른 곳에도 써야 할 수 있잖아요?

필자   네. 그 말씀이 가슴에 쏙 들어오네요.

여윳돈에서도 더 여윳돈으로 코인을 하자.

그래서 심리전에서 밀리지 않을 수 있다?

K   그런 거죠.

필자   그런데 궁금점이 생겨요.

돈이 많은 사람들 보면

돈을 잘 쓰는 사람들도 있거든요.

그건 왜 그렇죠?

K   돈을 관리해온 어떤 전통이 없어서 그래요.

돈이 무서운 줄 모르는 거죠.

자기가 돈을 벌어본 적이 없는 재벌 3세나 4세들?

졸부들이거나 일확천금을 번 사람들? 대부분 그렇죠.

그 사람들을 가만히 보세요.

알게 되실 거예요.

돈이란 게 자기 주인 찾아가는 거거든요.

돈을 막 쓴다는 건 함부로 한다는 거예요.

돈 입장에서 얼마나 서운하겠어요?

그러면 그 돈은 다른 주인을 찾아갑니다.

돈에도 발이 달렸다니까요.

필자　하하하.

재미있는 표현인 것 같아요. 돈에도 발이 달렸다?

K　네.

다시 강조하지만 코인 투자는 반드시 여윳돈으로 하셔야 되고요.

뇌동매매는 삼가시고요.

여윳돈이 없는 빠듯한 형편이시라면 코인 투자는 미루셔야 해요.

우선은 저축을 하시고 생활비를 아껴서 돈을 모아야 해요.

필자　근데 그게 참 어려운 거죠?

돈 없는 서민 입장에선 도무지 내일이 보이지 않는 삶도 있거든요.

하루하루 살아가기에 빠듯한데 그래서 코인 투자라도 해보려는 건데. 도무지 현실은 나아질 기미가 안 보이니까요.

K　제가 조언을 드릴 수 있다면 사업자가 되시라고 하고 싶어요.

필자　사업자요?

돈 없는데 어떻게 사업자가 될 수 있나요?

K 사업은 돈으로만 하는 건 아니죠.

가령, 필자님이 외국어를 하신다면 직접 번역을 하실 수 있어요.

필자님이 외국어를 못하시더라도 번역사업은 하실 수 있죠.

주위에 외국어 잘하는 분들에게 일을 주는 것이면요.

번역사업은 집에서 혼자 할 수 있는 거잖아요?

이렇게 여러 가지 사업 아이템이 있고요.

사업자가 되면 우선 핸드폰 요금부터 사업자용으로 바꾸세요.

필자 네? 핸드폰을 사업자용으로 바꾸라고요?

그건 왜요?

K 부가세 차액을 돌려받을 수 있어요.

필자 아하.

잘 모르시는 분들을 위하여 설명 좀 더 부탁드릴게요.

K 우리가 돈을 쓸 때는 부가세 포함인 게 많아요.

밥 먹을 때도. 물건을 살 때도요.

부가가치세라고 해서 물건값에 10%에 해당 되는 돈이거든요.

핸드폰 요금에도 부가세가 포함되어 있는데요.

사업자용으로 세금계산서를 받게 되면 부가세 10%가 나오죠.

그런데 부가가치세는 쇼핑할 때와 판매할 때로 구분 되요.

쇼핑할 때는 부가세를 내지만 판매할 때는 부가세를 받죠.

그래서 나중에 세무서에 신고하게 되면?

쇼핑할 때 낸 부가세에서 판매할 때 받은 부가세를 빼고요,

그 남은 차액을 환급해주거든요.

필자 네. 그렇게 부가세를 돌려받을 수 있죠.

K 핸드폰 요금을 월 약 7만 원 정도 낸다고 해보죠.

계산상 10%로 하면 부가세는 약 7천 원 정도 될 거예요.

그게 모이면 연 8만 4천 원이에요.

필자 네네. 인정합니다.

사실 우리가 알게 모르게 더 내는 세금이 많아요.

K 전기료도 그렇게 할 수 있고요,

월세 주택이라면 임대료 월세에서 10%도 그렇죠.

부가세는 가격에 포함인 경우도 있고 별도인 경우도 있지만요.

아무튼 그렇게 부가세만 잘 모아도 꽤 돈을 모을 수 있어요.

돈을 모은다는 것보다는 돈 새는 걸 먼저 막는다는 게 옳은 표현이겠죠.

필자 그럼 K님 말씀은 그렇게 돈을 모아서 여윳돈을 만들자 이 거군요?

K 네. 그렇죠.

우리라는 건 생계비로 하면 안 된다고 생각해요.

반드시 여윳돈으로 해야 하는 거예요.

필자 자, 그럼 다음은요?

여윳돈을 모았습니다.

그 다음엔 어떻게 해야 할까요?

K 우선 TV나 인터넷에서 세상 돌아가는 뉴스를 자주 보세요.

경제 분야도 보시고, IT 기술 분야도 보시고요. 정책 분야 도 보세요.

그러면 세상 돌아가는 게 나오거든요?

필자 네. 그러면요?

K 가령, 디지털화폐가 사용될 거라는 뉴스가 나온다고 해보 죠.

그러면 코인 종목에서 관련 코인을 찾으시고요. 그 코인을 사두시는 거예요.

필자 아하.

호재가 뜨는 코인을 찾아서 투자하라는 말씀이시죠?

K 네. 가장 기초적인 방법이죠.

필자 맞습니다.

그 방법은 주식을 할 때도 그런데요, 나만 아는 게 아니거든요.

그래서 어렵더라고요.

살려고 하면 이미 폭등하고 있기도 하고요.

K 그래서 호재를 볼 때도 몇 수 앞을 내다보는 게 중요한데요.

그게 안 된다면 가장 무난한 방법이 있습니다. 호재를 발견하면 관련 코인을 사서 이익을 보고 다시 파는 겁니다.

장투(장기 보유 투자)를 안 하는 거죠.

필자 무릎에서 사서 어깨에 팔라는 그 말씀이시죠? 최저 가격이 아니더라도 적당히 낮은 가격에 사라.

그리고 적당히 높은 가격에 팔라.

K 코인은 조금 다르죠.

제가 생각하기엔 "같이 타서 미리 내려라"가 맞는 거 같아요.

가격상승이 되는 종목이 보이면 매수해서 2%만 이익 나더라도 매도.

100만 원에 2%면 2만 원입니다.

1000만 원에 2%면 20만 원이죠.

코인은 매력적이면서도 무서운 부분이 '복리'라는 거에요.

복리의 마법이 펼쳐지죠.

100만원에 2%면 102만 원이 된 거죠?

102만 원 투자하면 다시 거기 2%가 붙죠?

그런 식이죠.

그러다가 100만 원이 넘잖아요?

한 200만 원이 된다고 해보죠.

그러면 100만 원을 빼세요.

그러면 100만 원이 남죠.

그때부턴 마음 편하게 수익으로만 거래하시는 거죠.

원금은 보전해두시고요.

코인은 주식과 달라서 하루 24시간 운영됩니다.

호재를 보는 것도 전문적인 세력들이 먼저 보죠.

소액으로 서민이 투자하려고 한다면 이걸 봐야 하는데요.

필자   네. 뭔가요?

K   매도벽이나 매수벽을 보는 거예요.

필자   매도벽? 매수벽이요?

K   네. 호재가 뜨는 코인들도 세력이 먼저 들어갑니다.

그러면 세력은 가격조정을 하려고 하죠.

가령, 한 50억 원 정도가 있다고 하죠.

그러면 처음에 10억 정도를 지릅니다.

그리고 1억 원씩 추가 매수하면서 야금야금 가격을 올리죠.

필자   그러면 평단(평균단가)가 우상향 되는 거죠?

K 네. 파란불에서 빨간불이 되죠.

그 순간 사람들이 몰려듭니다.

필자 아하.

K 세력이 가격을 올려주면 사람들이 몰려들고. 가격이 상승하면서 세력은 다시 조정을 하죠. 야금야금 팝니다.

필자 아하! 그래서 사람들이 자주 하는 말이 있어요. 오르는 거 보고 들어갔는데, 어째 내가 들어가면 가격이 떨어지냐. 그러더라고요.

K 다 이유가 있는 거죠.

그래서 매수벽인지 매도벽인지 봐야 하는 거죠.

필자 아하.

K 매수벽은 세력이 가격을 올리는 게 보입니다. 매도벽은 세력이 가격을 내리는 것이고요. 평균단가를 보셔야 해요. 차이가 고르게 내려가느냐, 아니면 차이가 고르게 올라가느냐.

소액을 가진 서민이 손해를 잊지 않으려면 그걸 잘 봐야 합니다.

필자 매도벽인지 매수벽인지 보고요?

그 다음엔 어떻게 할까요?

K 매수벽이 쳐 있다면 빨리 들어가서 적당할 때 나와야 하고요.

매도벽이 쳐 있다면 빨리 나오는 게 이익입니다.

매도벽이 있는 코인에는 들어가지 않아야 하는 거죠.

필자 흠. 그러고 보면 진짜 코인 투자는 심리전이라고 부를만 하네요.

사실 가격이 오르는 걸 보고도 투자 안 하기가 쉽지 않거든요.

K 코인에서는 "존버한다",

"펜트하우스에 있다",

"구조대 오나요?" 등등.

그런 이야기를 자주 봅니다.

고단가에 물려 있다는 의미죠.

왜 그러냐 하면 다 이유가 있는데요.

코인투자를 하게 되면 처음엔 대부분 돈을 벌거든요. 소액이라서 버는 거죠. 거기서 욕심이 생깁니다.

10만 원 넣었더니 5만 원을 벌었다고 해보죠. 수익률 50%에요.

순간 욕심이 들죠. 100만 원 넣으면 이거 50만 원인데?

1,000만 원 넣었으면 이거 500만 원 되는 거였잖아? 이게 희망고문이죠. 꿈 꿉니다.

시드(종잣돈, Seed Money)가 적어서 그렇다고 생각하는 순간.

대출 받고, 빚지고, 돈을 모을 수 있는 대로 모아서 코인에 더 넣죠.

어느 정도 자신감이 아닌 자만감이 든 상태여서 그래요.

근데 이게 뇌동매매인 거거든요.

이경우라면 대부분 손해 납니다. 하락장 되고 우하향 되요.

필자   그렇네요. 그러면 어떻게 해야 할까요?

K   절대로 욕심을 부리지 않으면 좋겠습니다.

코인에서 돈을 잃을 확률은 대부분 거의 없어요.

저단가에 코인을 골라서 넣어두고 기다리다 보면 오르거든요. 대폭락장에서도요.

필자   그런가요?

글쎄요. 유의종목이란 것도 있고, 상장폐지도 생길 수 있던데요?

급등락 시점도 생기고요.

어느 때는 가격이 오르다가도 한순간에

폭락하는 현상도 많이 봤어요.

K   네. 그렇죠. 해외거래소라고 비유를 할게요.

먼저, 상폐나 유의종목을 말씀드릴게요.

코인 거래소들마다 기준이 있어요.

상장된 코인들은 트위터 계정을 연결해두고 공시도 하는데요.

총 발행액부터 시세 등, 여러 정보가 공유되는 거죠.

그런데 상장된 이후에 공시도 없고 업데이트도 안 된다 그러면?

거래소에서는 유의종목으로 표시해둡니다.

그러고도 며칠 지나도록 공시가 없으면 상장폐지가 되죠.

상장폐지가 되면 그 시점으로부터 며칠 간은 출금기회를 주죠.

그런데 주식시장하고는 다른 거 같아요.

코인거래소에서 상장폐지가 되면?

그 코인은 다른 거래소로 옮기죠.

그 가상화폐의 지갑을 옮기는 거죠.

코인거래소가 여러 곳이거든요. 그게 가능해요.

만약 A 코인을 투자했는데 B 거래소에서 상장폐지다?

A 코인을 넣어둔 지갑을 들고 C 거래소에 가는 거예요.

C 거래소에서는 상장폐지가 안 되었을 수 있거든요.

어쨌든 유의종목으로 지정된 코인이라면 투자를 주의해야 되는 거죠.

그리고 가격이 급등락하는 상황 있죠? 개미들이 코인에서 단타를 치면 대부분 돈을 잃는다는 게 왜 그렇게 되는 건지 말씀드릴게요.

우선, 코인 투자에서는 '껄무새'라는 이야기를 해요. 가격이 오르는데도 하락할 거 같아서 더 지켜보며 기다렸다가 못 사놓고 '그때 살 껄'이라고 하거나 가격이 하락하는데 반등할 거 기대했다가 못 팔고 '그때 팔 껄'이라고 앵무새처럼 반복해서 말한다고 해서 붙여준 건데요, 그런 상황이 많죠. 참고로 알아두시고요.

가격 급등락? 그건 세력들에 의해 고의로 그러는 경우가 생길 수 있습니다.

세력이 어느 코인 종목을 고르면 지속적으로 가격 상승을 만듭니다. 그러면 개미(소액 투자자들)들이 올라타죠? 그러다가 갑자기 20% 정도를 쑥 하락시킵니다. 그러면 개미들이 패닉 상황이 되면서 덩달아 팔죠.

하지만 거기서 세력들은 다시 하락분에 50% 정도는 반등시켜줍니다. 그러면 개미들은 '아하! 이제 하락 끝났고 반등하는구나!' 생각하고 또 올라타죠?

하지만 개미들이 타면 다시 하락시킵니다. 세력들이 '익절'하는 거죠.

이 상황에서 개미들은 알트코인 대신 비트코인을 눈여겨 보죠. 상대적으로 가격 유지가 되고 있거든요. 비트코인 매수로 갑니다. 하지만 거기도 세력이 있죠. 개미들이 비트코인 타는 순간 다시 하락 시킵니다. 세력들이 익절하는 거예요. 그와 동시에 알트코인들도 하락시킵니다. 세력들이 익절하는 상황인 겁니다. 개미들로서는 패닉을 넘어 공포 그 이상의 공포가 생기겠죠?

그렇게 저점을 잡다보면 이제 슬슬 고점에 물린 개미들이 물타기 시작합니다. 추매를 하죠. 평단(평균단가)을 낮추는 겁니다. 하지만 이것도 세력들이 이미 다 알고 있거든요. 물타기가 어느 정도 되었다 싶으면 다시 하락됩니다. 고점 물렸던 개미들이 물타기한 것까지 가져가는 것입니다.

이렇게 저점을 잡게 되면 드디어 반등시킵니다. 20%는 금방 올리죠.

여기서 세력들이 진짜 너무하다는 말이 나오는 건데요, 왜 그런지 볼까요?

100만 원 하던 코인을 20% 하락 시키면 80만 원 됩니다. 여기가 저점이라고 해보죠. 거기서 반등시키면 20% 올린다고 해도 96만 원입니다. 종전 가격 대비 4만 원이 적어요.

다시 말씀드려서, 100만 원에 매수한 개미들이 있는데 가격이 4만 원 차이까지 올라오니까 '이거 봐라?' 하면서 더 오를 줄 알고 존버한다는 거죠. 기다립니다. 아니면 추매해서 물타기를 하죠.

세력들이 이런 과정을 몇 번 거치면 각 코인마다 어느 정도 개미들이 물려있는지 금방 압니다. 의도적으로 개미들을 몰아넣은 거라고도 볼 수 있는 거죠?

그런 상황에선 무조건적으로 세력들이 노는 판이 되어버린 것이죠. 개미들이 수익을 올릴래야 올리기가 어려운, 세력들과 같이 하거나 운이 좋은 경우 말고는 답이 없는 겁니다.

운이 좋다는 거는요, 세력들의 작전인지도 모르고 저점 근처에서 우연히 줍는 사람들입니다. '이름이 예뻐서 샀다'든가 '가격이 싸서 샀다'는 말을 하죠.

그런데 이 사람들이 그게 운인지 모르고 본격적으로 돈을 더 넣고 거래를 하게 되면 위에서 말씀드렸듯이 어느 순간 손실 30%는 금방 생기는 겁니다. 정신상태가 공황이 오고 잠도 못자고 코인판에 더 매달리게 되는 거죠. 이게 위험한 것입니다.

필자 흠. 그렇죠?

그 부분이 참 안타까운데요.

제가 K님과의 대담에 의해 제가 시도한 코인 투자가 있는데요.

그 결과를 보면서 말씀 이어가겠습니다.

필자 이 화면을 보시면

단 며칠 만에 수익률이 68%가 넘었습니다.

아, 진짜 저도 욕심이 생겼는데요.

이거 1,000만 원만 넣었어도 수익 700만 원 더 생긴 거잖아요?

자꾸 그 생각이 머릿속에 맴돌아서 욕심이 생기더라고요.

마이너스 대출이라도 땡겨서 더 넣을 걸 그랬나 싶기도 하고요.

이러다가 진짜 자칫하다간 돈 다 잃을 것 같은데요.

K 시드는 얼마로 하셨나요?

여윳돈으로 하셨죠?

필자 시드는 20만 원으로 시작했고요.

수익 내고 출금하고 다시 30만 원 넣었죠.

그리고 다시 수익 내서 출금했고요.

아참, 팩트체크 해야죠?

거래소 계정에서 출입금 화면 있습니다.

K 잘하셨네요.

초보 투자자로서 수익률도 좋습니다.

필자 그런데요 수익률 보니까 저도 욕심이 생기더라고요. 자꾸 희망고문이 생기는 거겠죠?

돈을 더 넣을까 싶어서요.

그런데 K님 말씀 듣고 가까스로 참았어요.

20만 원 시드로 며칠 만에 54만 원 된 거니까, 수익 34만 원이에요.

그래서 30만 원을 다시 투자했습니다.

K 좋습니다.

필자님처럼 코인 투자는 여윳돈으로 시작하시는 게 좋아요.

절대 무리하시지 말고요.

왜냐하면 코인 투자는 시즌이 있습니다.

돈을 버는 것도 흐름이 있어서요. 그 때가 지나면 못 벌 수 있죠.

가령, 필자님이 이익을 냈다는 건 그 시기가 좋아서였지

항상 그럴 수 없다는 이야기입니다.

그건 세력들도 조심하는 부분이거든요.

어느 누구도 모든 미래를 알아맞출 수 없습니다.

그리고 존버하시는 분들 계시잖아요?

미래가치? 가치투자?

이런 부분은 차치하고서 말씀드린다면.

사실 그 존버라는 것도 세력들이 만든 거라고 볼 수 있습니다.

일단 발을 들이게 되면 쉽게 빠져나갈 수 없게 만든 거죠.

세력들이 코인 가격을 폭락시키다가도 반등을 주는 이유가 있습니다. 그래야만 개미들이 쉽게 나갈 마음을 갖지 못하거든요.

계속 하락시키면 개미들은 코인판에서 나갑니다. 그런데

이따금 반등을 주잖아요? 그러면 사람이 기대심리가 생겨서 못 나갑니다.

가령, 손실이 40%였는데 손절하려고 마음 먹고 있다가 조금 반등해서 손실이 30%가 되잖아요? 그러면 '조금 더 기다려볼까?'라는 마음을 갖습니다. 아니면 추매를 해서 평단을 낮추려는 생각을 하죠.

코인 투자도 주식 투자처럼 %(퍼센티지) 싸움이거든요. 가령, 100만 원을 투자해서 100% 수익이 나면 200만 원입니다. 그렇죠? 그런데 거기서 30% 손실이 났다고 해보죠. 그러면 140만 원이 됩니다. 100만 원 투자했던 사람에게는 여전히 40만 원 이익이에요. 그런데 이 사람은 40만 원 이익이라는 생각보다는 60만 원 손해봤다는 생각을 하죠. 추매를 하게 될 가능성이 큽니다.

그런데 주식투자는 장기투자가 가능하죠. 우량주 위주로 기업가치 상승을 기대할 수도 있고요.

반면에 코인은 장기투자가 위험할 수도 있습니다. 코인투자에서 코인 발행사들에 대한 가치평가가 제대로 안 된 경우가 없지 않아서 그렇습니다.

가령, A, B, C, D, E코인 발행사가 있다고 할까요? 2021년 봄(春) 시점으로, 코인 시가 총액은 위 순서대로 7천억 원대에서 2천억 원, 1천억 원대가 되는데 시가총액을 미공시

한 기업도 있습니다.

그런데 이 기업들의 자본금을 보면요 제일 많은 회사가 8천 5백만 원대이고, 그 다음으로는 800만 원대에 이어, 85만 원대, 2천 원대, 800원 대에 지나지 않은 곳도 있습니다.

자본금 800원 정도로 만든 회사에서 코인을 발행했는데 그 코인의 시가 총액이 2천 억 원이 넘는 거예요. 이런 상황을 어떻게 봐야할 것인지는 투자자분들이 심각하게 고려해야 하실 것 같아요.

필자 맞습니다.

코인 개발사에 대한 정보가 너무 부족한 것이 문제이기도 하고요, 코인백서라고 하죠? 가상화폐 백서 내용이 어렵기도 하죠. 개발진 프로필이 불투명한 부분도 문제요소가 될 것이고요.

무엇보다도 가상화폐의 가치에 대해서 과장되게 이야기한다고 해도 이를 제대로 파악할 만한 내용이 뒷받침되어 있지 않다는 게 큰 문제점으로 생각되죠.

그런데 말이죠.

그래도. 이 상황을 다 안다는 가정하에.

서민으로서, 소액으로서 코인 투자.

'처음부터 제대로 돈 벌려면 이렇게 하라'는 공식 같은 건 없습니까?

K 음.

이런 말씀을 드리고 싶습니다.

필자 네. 네.

어떻게요?

K 코인 투자는 돈 벌려고 하지 마라.

다만, 미래 경제에 대해 공부하는데

투자로 생각하자고요.

필자 미래에 대한 투자로요?

K 네. 우선 마음가짐이 중요하거든요.

필자 아하! 손실을 보더라도 각자가 생활하는데 감당할 수 있을

정도로?

부담 없는 수준 정도에서 하자는 말씀 같습니다.

K 네, 그렇습니다.

다시 한 번 더 강조해드리는 거죠.

그 다음에.

필자 네네.

K 마음가짐을 정했다면

그 다음엔 이런 방법이 있습니다.

먼저 김치프리미엄을 눈여겨 보는 방법입니다.

필자 김치프리미엄이요?

K 네.

국내 코인 투자가 열기를 띠면서

해외 코인시장과 가격차가 생겼죠.

국내와 해외에 코인거래소에 상장된

A라는 코인이 있다고 해보죠.

해외에서 A코인이 100원이면

국내에선 105원에서 120원 정도됩니다.

가격차가 생기는 거죠.

필자 아하.

그럼 그 차이를 이용하라는 건데요.

말씀만 들어도 귀가 솔깃합니다.

K 문제는 어떻게 하느냐에 대한 건데요.

국내에서 코인투자를 하려면 코인거래소에 계정이 있어야
하죠?

그리고 코인거래소 계좌와 연결된 은행계좌가 있어야 합니
다.

해외거래소도 마찬가지입니다.

해외 코인거래소가 있는 나라에 은행계좌가 있어야 합니
다.

가령, 미국이라고 해보죠.

미국은행에 계좌가 있고 그 계좌에 돈을 넣어서 코인거래소
에 연결,

코인거래소에서 코인 투자를 한 후에 수익이 발생하면?

은행계좌로 출금하는 방식입니다.

해외 거래소에서 A 코인을 샀다고 해보죠.

국내 코인거래소에 제공하는 계정에 A코인의 '지갑'이 있는데요.

그 지갑에 A코인을 보내고요. 국내 코인거래소에서 매도하는 거죠.

코인만 국내외 코인거래소를 다닌 것이고, 차액 수익을 얻습니다.

필자   네네.

그런데요. 말씀을 듣다 보니 의문점이 생기네요.

해외 은행에 계좌를 만드는 건 쉬운 일이 아닌데요?

언어 문제도 있을 수 있고요.

물론 해외여행을 많이 다니는 사람들이라면 현지에 계좌를 만들 수도 있지만 평범한 사람들로 학생이거나 주부들이라면 문제가 다르거든요.

해외은행계좌가 없는 사람들은 김치프리미엄을 활용하는 코인거래가 불가능할까요?

K   아니요. 가능합니다.

해외 은행계좌가 없는 사람들은 '코인 지갑'을 활용하는 건데요.

국내에 코인거래소에서 제공하는 코인지갑이 있죠?

코인지갑을 해외 거래소로 옮겨 거래하는 방식이 있습니다.

필자 언뜻 이해할 수 있는 것 같으면서도 알쏭달쏭한데요.

설명을 부탁드릴까요?

코인투자를 하는 초보자 입장에선 어려운 거 같아서요.

K 네. 어려우실 수 있습니다.

우선은 국내에 코인거래소에서 A라는 코인을 매수했다고 하죠.

그 코인을 클릭하고 '입출금' 메뉴로 가면 '입금주소 생성하기' 메뉴가 있습니다. 이게 그 코인거래소에 지갑을 만드는 건데요.

'입금주소 생성하기'를 눌러보죠.

그러면 다음과 같은 영문 알파벳이 표시됩니다.

아래는 실제로 제가 갖고 있는 비트코인 지갑주소입니다.

일부를 *표시했습니다.

3ASsUK*****cV3dPmvJ*****oipBMDFvLY

이처럼 지갑이란 건 알파벳 영문으로 나열된 겁니다.

제 개인적인 생각으로는 '이메일'주소랑 비슷하다고 봅니다.

큐알코드로도 사용할 수 있고요.

주의하실 점이라면 '입금 전용 주소(지갑)'라는 점입니다.

필자 A코인을 매수하면 이 지갑에 넣어서? 저장해서?

아무튼 보관할 수 있다는 거죠?

지갑처럼요?

이 알파벳 주소가 그러니까 은행은 아니고, 개인마다 부여되는 거죠?

개인에게 주어지는 지갑이라.

아, 가상계좌 같은거라고 이해하면 될까요?

많이들 쓰는 거잖아요?

공과금 낼 때나 그럴 때에 가상계좌라고 개인에게 부여되는 계좌.

그곳으로는 입금만 할 수 있고요.

K 비슷하긴 한데요, 다른 점이 있죠.

이 주소는 거래소에 내 계정으로 있는 것이고 입금만 됩니다.

그리고 다른 코인들은 이 주소로 입금하면 안 됩니다.

오직 A코인 입금전용주소에는 A코인만 입금해야 합니다.

필자 만약에 B코인을 A코인 입금전용주소로 사용하면요?

K B코인 100개를 A코인 입금전용주소로

착각하여 입금했다고 해보죠.

B코인 100개는 사라집니다.

아무도 꺼낼 수 없습니다.

필자 아, 약간 섬찟하네요.

그러면 돈이 사라지는거잖아요?

정말로 그 코인을 꺼낼 수 없나요?

만약에 큰 돈이 들어갔다고 해도요?

이게 가상화폐라는 게 컴퓨터프로그램이라고 하는데요,

프로그램 개발자들이거나 코인거래소 담당자라면요?

프로그램이니까 소스코드라든지 잘 살펴보면 방법이 있을

것 같은데요?

K 아니요. 불가능합니다.

가상화폐라는 게 탈중앙집권화를 위해서

만들어졌다고 하죠?

그 의미는 은행에 통제를 받지 않고

각 개인마다 관리하겠다는 것인데

각자 책임하에 관리하는 거라고 볼 수 있죠.

A코인을 B코인 입금전용주소에 입금했다?

A코인은 사라집니다. 꺼낼 수 없다는 의미입니다.

필자 음, 그렇군요.

그렇다면 출금은 어떻게 하나요?

비트코인을 지갑에 넣었다고 해보죠.

입금전용주소가 있다면 출금전용주소가 있나요?

ATM기기에 가서 현금으로 출금도 불가능하고요.

미래에는 가능하게 될 수도 있지만요.

비트코인 카드라고 해서 ATM기기에서 출금해주고.

K   하하하.

가상화폐 카드를 들고 ATM기기에서 출금을 한다?

좋은 아이디어입니다.

분명 언젠가 곧 실행될 것 같아요.

그런데 지갑에서 출금하는 건 코인거래소마다 약간 다를 수 있는데요.

하나의 지갑으로 동일할 수도 있고요.

코인거래소마다 별개의 주소를 사용할 수도 있습니다.

코인거래소에서 운영하는 지갑주소가 있는 경우죠.

각 개인마다 배정된 고유의 지갑주소이므로 주소랑 비밀번호만 잘 기억하신다면

돈을 잃어버리는 걱정은 하지 않으셔도 될 것 같습니다.

코인거래소에서 코인을 선택하고 입출금 메뉴를 선택하죠?

그러면 입금주소가 나오고요.

그 옆에 출금신청 메뉴가 있습니다.

출금신청을 누르면 출금주소 선택하기가 나오고요.

출금할 수량도 정할 수 있습니다.

여기서 국내 거래소의 출금주소가 해외 거래소의 입금주소로 되는데요,

국내 거래소에서 생성한 입금주소가 있듯이 해외거래소에서 생성한 입금주소가 있을 겁니다.

국내 거래소에서 매수한 A코인을 해외 거래소에 A코인 입금주소로 보내는 거죠.

어렵게 들리실지 모르겠습니다.

다시 말씀드리자면

국내거래소에 입금주소(지갑), 해외 거래소에 입금주소(지갑)를 만들고

코인을 옮길 때 각각의 입금주소를 출금주소로 사용하는 겁니다.

필자 그렇죠?

비밀번호가 있었네요.

은행 계좌도 계좌번호랑 비밀번호가 있는데 코인 지갑에도 그렇겠죠?

K 가상화폐는 가상화폐거래소에서는 개별 메인넷에서 사용자와 계정이 연동되어서요, 입금주소만 있으면 가상화폐를 거래할 수 있습니다.

다만, 일부 가상화폐는 생성된 장소(메인넷)을 같이 쓰는 경우가 있고 이런 경우엔 가상화폐를 옮길 때 메모(태그)를 입금주소랑 같이 사용해야 하는 경우가 생기죠.

그래야만 누구의 어느 입금주소(지갑)인지 확실히 구별할

수 있어서입니다. 일종의 비밀번호로 볼 수도 있지만 정확히 하자면 입금주소를 더 구체화하는 것이라고 말할 수 있죠.

그리고 내 컴퓨터에 가상화폐 지갑을 저장할 수도 있는데요 이럴 경우엔 지갑에 암호를 설정해야만 합니다. 그렇지 않으면 내 컴퓨터를 쓰는 사람이라면 누구나 비트코인을 쓸 수 있게 되거든요.

필자 입금주소라고 하는 지갑만 있으면 가상화폐를 옮길 수 있는데 가상화폐 종류에 따라서 메모랑 태그를 입력해야 옮겨지는 경우도 있다는 말씀이시네요.

K 네.

제 설명이 길었는데요,

이처럼 입금주소, 출금주소를 사용해서

가상화폐를 옮길 수 있고요

거래소를 옮겨서 매수 매도하면

김치프리미엄 효과를 볼 수 있죠.

해외거래소에서 국내거래소로 옮겨 거래하면 그 차액이 이익인 거죠.

필자 음. 그런데요.

해외계좌가 없을 때는요?

거래소 사이에 지갑으로 옮겨서 거래한다는 건 알겠습니

다.

그런데 해외거래소에서 매수해서 국내거래소에서 매도하는 거죠?

그래야 김치프리미엄?

그 혜택(?)일지 모르겠습니다만 차액인 거죠. 그렇다면 해외거래소에서 가상화폐를 사야한다는 건데요

이 부분이 아직도 애매합니다.

국내거래소에서 가상화폐를 매수해서 해외거래소로 옮긴다?

그러면 김치프리미엄을 떠안고 가는 거라서요.

K 네.

김치프리미엄을 활용해보고자 한다면요

국내거래소에서 가상화폐를 매수할 때는

해외거래소랑 평균단가가 엇비슷한 가상화폐를 매수하는 겁니다.

거래소에는 원화마켓, BTC마켓, US달라마켓이 있는데요.

비트코인마켓(BTC)은 비트코인을 기축으로

다른 가상화폐를 거래할 수 있는 마켓이거든요.

여기서 가상화폐를 매수하는 겁니다.

필자 아하, 그렇게 하면 가능할 수 있겠네요.

국내거래소에서 가상화폐를 매수하는데,

해외거래소에서의 단가랑 비슷한 가상화폐를 매수한다?

해외거래소 지갑으로 옮겨

김치프리미엄이 있는 코인을 매수하고

다시 국내거래소로 옮겨서 매도한다?

그거죠?

K   네. 그런데 알아두셔야 할 점이 있습니다.

필자   어떤 건가요?

K   거래소를 옮길 때

거래수수료가 발생한다는 것이죠.

그리고 불록체인 방식의 지갑이라서

가상화폐를 옮기는 데 시간이 소요된다는 부분이에요.

짧게는 몇십 분에서 길게는 몇 시간도 필요합니다.

필자   가상화폐를 옮기는 사이에 단가 변동이 생길 수도 있겠네요

K   그렇죠.

만에 하나라도, 입금주소를 실수로 다르게 적거나 메모 태

그를 잘못 입력하면

가상화폐가 소실될 우려도 있습니다.

필자   그러면 진짜 낭패인데요.

그런 경우엔 어떻게 하나요?

K   방법은 없습니다.

그래서 각 거래소마다 주의하도록 안내를 충분히 하는 것이

죠.

필자 흠. K님 말씀을 듣다보니

그래도 가장 안전한 방법을 찾게 되는데요.

해외거래소에 계정을 만들고

해외에 은행계좌를 만드는 게 좋을듯해요.

방법은 없을까요?

아참, 우리나라에서는 연간 5만 달러 내에서 해외송금이 가

능하지 않나요?

가상화폐 거래 수익이 그보다 더 크면 어떻게 되나요?

5만 달러 이상 돈을 벌 수도 있잖아요?

K 네. 좋은 지적을 해주셨습니다.

제가 이번 인터뷰를 하려고 했던 이유도

그 부분입니다.

필자 아, 그런가요?

어째서죠?

K 평범한 사람이 해외은행에 계좌를 만들고?

코인거래를? 이건 그 과정도 어렵지만

세력들에게는 전혀 어려운 게 아닙니다.

해외지사를 활용하는 경우도 있고요.

해외에 지인을 이용하기도 합니다.

필자 음. 자세히 말씀해주세요.

이해가 잘 안 됩니다.

K 가령, 필자님에게 10억 원이 있다고 해보죠.

해외에 지사를 만드는 건 어렵지 않습니다.

해외지사랑 국내 회사랑 거래하는 대금으로 인보이스(송장)를 발행하죠.

개인이나 법인이 해외송금 제한이 있다고 한다면?

요즘엔 연간 송금한도에 따라 출처를 밝혀야 하는 등 규정을 두긴 하는데요,

송금액에 제한이 있어도 그 한도 내에서만 송금합니다.

나머지 수익은 인보이스를 발행해서 주고 받습니다.

인보이스를 발행하는 그 자체가 근거가 되는 거라서요.

해외송금을 하는 덴 불가능하지 않습니다.

필자 정말 그들은 평범한 사람들의 상상을 뛰어넘는 거 아닌가요?

제가 듣기만 해도 혀를 내두르게 되는데요.

코인투자를 한다?

완전히 이건 뭐 세력들의 돈 놀이터 아닌가요?

가상화폐 거래소가 소시민에게 돈을 벌어다준다는 게 아니라요.

K 안타까운 부분이기도 하죠.

소시민에게는 몇 백 만원, 몇 천 만원, 몇 억 원도 큰 돈입

니다.

그런데 아주 드문 경우 100만 원으로 1억 원을 만들었다?

가령, 몇 년 전에 어느 가상화폐에 100만원을 넣고 잊고 있

었는데 시간이 흐르고 다시 확인해보니 1억 원이 되어 있더

라.

그런 얘기.

듣는 사람들을 굉장히 혹하게 만드는 거거든요.

누구는 아침 일찍 일어나서 출근하느라 고생인데 어느 사람

은 100만 원 코인투자해놓고 놀면서 1억 원을 번다?

그렇게 들리는 거니까요.

필자 그러게요.

그런 이야기 들으면 소시민들,

아니, 저만해도 가슴이 뛰거든요.

이거 늦기 전에 빨리 코인 투자해야 되는 거 아닌가?

거기서 혹하는 거 같아요.

K 그래서 코인투자는 여윳돈으로 하셔야 된다는 말씀을 드린

건데요.

누가 얼마 벌었다는 그런 얘기는

필자 그런 얘기는?

K 세력이 꾸며낸 거짓말인 경우도 있습니다.

필자 네?

에이. 아닌데요.

제 주변에서도 코인투자로 돈 번 사람들이 있어요.

K 몇 백만 원, 몇 천만 원이겠죠?

몇 억 원도 있겠고요.

뉴스에 나오는 사람들은 수십억 원도 있죠.

필자 네? 네. 그렇죠.

K 세력들 입장에선 큰돈이 전혀 아니죠.

필자 그렇긴 하겠죠.

그래도 번 사람들이 있으니까.

K 나도 벌 수 있구나 생각하죠.

필자 네. 뭔가 느낌이 싸한데요?

하하하.

K 거래소 사이에 김치프리미엄을 활용하는 이야기를 드렸으
니

이번엔 두 번째 이야기로

세력의 등에 올라타는 방법에 대해 알아보겠습니다.

필자 네.

K 코인투자를 하는 세력은

정해진 루틴이 있는 경우가 있습니다.

야수의 심장이라고 하죠?

세력은 철저하게 자신이 정한

규칙에 맞춰 거래를 합니다.

가상화폐 시장이 등락을 하건 말건,

상승장인 불장이건 하락장인 물장이건

흔들리지 않죠.

필자 어휴, 말씀만 들어도 어떤 느낌인지 알 것 같습니다.

K 세력은... 이걸 아셔야 하는데요.

대장 코인이 있죠?

비트코인을 눈여겨 봅니다.

비트코인을 올려서 차액을 얻거나 선물거래로 숏(하락)이냐 롱(상승)이냐에 포지션을 잡고 수 배의 수익을 얻습니다.

아, 이번 인터뷰에서 제가 말씀드리는 부분들이 쉽게 대략적으로 설명드리려다 보니 포괄적으로 설명드리는 부분이 있다는 점을 양해 부탁드립니다.

필자 네.

K 수익을 얻다가, 그러다가 대장 코인의 가격상승세가 주춤하다 싶으면?

필자 알트장을 띄운다?

K 네. 알트코인이라고 부르는 가상화폐를 살펴봅니다.

일정 기간 동안 거래량이 별로 없는 코인을 고르고요, 앞서 말씀드렸지만 어느 종목에 개미들이 얼만큼 있는지 세력들은 알 수 있거든요.

펌핑을 시작하죠.

예전에는 대여섯 개 코인을 골랐다면

최근엔 세 종목 이하로 고르는 경향이 있습니다.

필자 그건 왜죠?

K 코인투자자들이 이제 거의 끝물이거든요.

필자 끝물이라면?

K 돈을 잃은 사람들이 많다는 걸 아는 겁니다. 세력들이 사람들의 돈을 가져갔기에 사람들에겐 코인투자할 돈이 없다는 거죠.

필자 네?

소시민들, 개미투자자들의 지갑사정까지 아나요?

세력들 정말 어마어마 하네요.

그건 정보력인가요?

뭐죠?

K 가상화폐의 거래량, 총액, 발행 수 등을 보면 거래 시점 대비 평균단가를 비교하면서

대략적으로 알게 됩니다.

그래서 알트코인을 골라서 펌핑을 하고 거래량을 늘리면서 코인 시가창에서 상단으로 그 종목을 끌어올리죠.

필자 네, 저도 그런 상황을 봤어요.

전날엔 없었는데 당일 아침에 갑자기 등장하는 게 있더라고

요.

아무런 호재도 없이 말이죠.

K 네. 그런 경우라면 세력의 펌핑으로 볼 가능성이 있을 수 있죠.

필자 그럼 어떻게 해야 하나요?

그럴 경우엔?

K 코인투자자들 사이에서는

대략 새벽 5시, 아침 11시, 밤 9시, 밤 11시라는 시간대가 있죠.

월요일엔 오른다?

주말에는 하락한다는 식으로 말이죠.

미국 코인투자자들이 거래하는 시점이랑 맞춰서 국내 투자자들도 움직이는 건데요,

당일 시세를 지켜보면서 미국 투자자들이 코인을 팔 것이다, 살 것이다 추측하면서 국내 투자자들도 보유할 것인지, 매도할 것인지 결정짓는 시간대입니다.

필자 알면 알수록 코인투자라는 게 주식투자만큼이나 뭐랄까 세밀하다고 할까요?

코인투자자들 사이에는 다 그런 규칙이란 게 있군요?

K 돈이 오가는 곳이니까요.

그래서 다시 말씀드리자면,

세력의 등에 올라타는 게 중요합니다.

아침에 등장한 코인이 가격상승한다면?

10분 정도는 추이를 지켜보셔야 합니다.

일시적인 펌핑인지, 아니면 지속하는지 봐야죠.

필자 근데요, 저도 그런 상황을 아는데요.

그게 지켜보고만 있기가 쉽지 않더라고요.

한푼이라도 더 저렴할 때 거래에 들어가고 싶은 게 심리거든요.

그걸 매번 알면서도 참 참기가 쉽지 않던데요.

K 그래서 인내력이 필요합니다.

세력들이 어떤 코인을 펌핑한다고 하면 그게 일시적이지 않습니다.

최소한 오전 장이나 오후장, 아니면 하루 내내 쏘거든요.

10분 정도로 좌우되는 펌핑이 아닙니다.

필자 결국엔 조바심 문제내요.

K 세력의 펌핑을 지켜보다 보면 패턴이 나옵니다.

언제 올리고 언제 내리며, 어느 정도 올리고 어느 정도 조정하느냐죠.

다시 말해서 가격이 올라가고 내려오는 구간을 알 수 있다는 겁니다.

필자 올라갈 때는 기다리고 내려왔을 때 사라?

K   네. 그리고 펌핑이 들어온 코인이라면

가격이 일시적으로 하락했더라도

필자   매도하지 말고 기다려라?

그러다가 적당한 이익률을 보면 매도하라.

그거군요.

세력의 등에 올라타라.

그리고 적당한 시점에 내려라.

K   가능하다면요.

그리고 제 개인적으로도 아쉬운 점이

대부분의 경우

익절(이익을 보고 매도) 시점을 놓칩니다.

그분들 생각엔 더 오를 것 같거든요.

조금 더, 조금 더 하다가

급나락하는 경우도 많습니다.

이럴 때는 또 상승했던 기억이 있어서

조마조마하다가 못하는 경우가 생깁니다.

다시 가격이 오를 거라는 미련이 생긴다고 할까요?

그런데 재미있는 점은,

어쩌면 당연한 이야기이겠지만,

세력들도 그런 부분은 이래라 저래라 단정할 수는 없다는

거죠.

어느 시점에서 팔지 말지를요.

워낙 변동성이 큰 시장이라서요.

세력들도 사람이거든요.

그러다가 지나치게 자기 판단에 집착한 세력들 중에는 손해

보고 망하는 경우도 없지 않아 있습니다.

필자 세력들도 긴장하며 거래를 한다는 거군요?

세력들도 망할 수 있다?

K 네. 세력들로서는 적은 돈이 들어가는 게 아니니까요.

그래서 세력들은 '틱띠기'라고 하죠?

1~2%만 오르면 바로 팝니다.

1~2% 하락하면 다시 사고요.

이게 소액이면 큰 돈이 아닌데, 1억이면 1~200만 원이 되

거든요.

하루에 한 번만 틱띠기를 해도 200만 원을 번다고 하면?

필자 그러면 세력들은 돈을 언제 잃습니까?

소시민 투자자들만 돈을 잃으면 안 되잖아요?

코인투자판에서도 소시민들이 당하는 거 같아서 갑자기 억

울하단 느낌이 들어서요.

저도 소시민으로서요.

K 여윳돈 1억을 놓고 틱띠기를 한다?

이것도 소시민 입장에선 어려운 부분이죠.

말씀드리자면 세력들은 돈을 거의 잃지 않습니다.

돈을 잃으면 세력이 아니죠.

설령, 돈을 잃을 것 같다고 해도 다시 벌어들이죠.

필자 진짜 시장용어로, 돈 놓고 돈 먹기?

그런 건가요?

K 그렇게까지 표현할 수 있을지는 모르겠습니다.

하지만 시드머니가 크면 아무래도 돈을 잃을 확률은 줄어드는 것 같죠.

그런데 대장코인에서 알트코인으로 왔다가 다시 가는 데가 있습니다.

필자 아참, 그 다음은 어딘가요?

세력들의 루틴이 궁금하네요.

K BTC마켓입니다.

필자 네?

비트코인 거래하다가 알트코인으로 옮겨 거래하는데.

거긴 또 왜 가나요?

정말 알 수가 없네요.

세력들의 이동은 제가 소시민이라서 모르는 건가요?

K 소시민 찾아서 간다는 게 그 이유가 되겠죠?

필자 네?

K 코인투자는 원화마켓, 비트코인마켓, 미국 달러마켓이 있죠?

필자 네.

K 원화마켓에서 비트코인이랑 알트코인을 흔들면요?

원화마켓 소시민 투자자들을 흔든거죠?

소시민들의 돈이 녹아내립니다. 사라지죠.

필자 그... 렇겠죠?

K 그러면 돈 있는, 다른 소시민 투자자들은 또 어디에 있을까요?

혹시 어부들이 물고기 잡는 법 아시나요?

능숙한 어부들은 어군탐지기를 쓰죠?

어부들이 그물을 치면 물고기가 스스로 들어오는 게 아니죠?

어부들은 물고기가 있는데 찾아가서 그물을 치죠.

같은 이치입니다.

필자 이야.

세력들은 돈이 있는 곳,

돈 벌 수 있는 곳으로 찾아간다는 건가요?

소시민들 돈을 따려고?

이런 표현이 맞나요?

K 그건 각자의 판단에 맡기겠습니다.

말씀드릴 수 있는 거라고는 BTC마켓에 가서도 펌핑을 한다는 거죠.

필자 너무 심한 거 같기도 하고,

그게 경쟁인 거 같기도 하고.

머릿속이 복잡하네요.

K 그런데 이 점은 아셔야 합니다.

원화마켓에서 대장코인의 가격이 내려가고,

알트코인도 덩달아 가격이 하락하고 나면

BTC마켓에 펌핑이 오는데요

이즈음이라면 시즌이 종료된다는 의미에요.

필자 시즌종료라면?

K 세력들이 가상화폐 거래소를 빠져나간다는 거죠.

관망상태로 둔다는 겁니다.

현금확보에 나서죠.

가상화폐 투자를 더 한다거나 펌핑을 하지도 않고 그냥 둡니다.

경우에 따라서는 거래소에 코인 거래량이 확 줄어들기도 하죠.

필자 그건 왜 그러는 거죠?

K 소시민들이 돈이 떨어진 거라고 봅니다.

예를 들어서, 지금으로부터 3~4년 전에 코인투자붐이 있었습니다.

대장코인이 확 급등했다가 급락했죠.

많은 투자자들이 손실을 봤습니다.

하지만 세력들은 거기서 큰돈을 벌었죠.

그런데 3~4년이 지났습니다.

소시민들이 돈을 다시 번 거죠. 돈이 모일 때가 된 겁니다.

코인판을 떠났던 투자자들이 손실을 회복하고 예전처럼 된 거죠. 세력들이 이 사실을 아는데 슬슬 시장을 살리기 시작합니다.

돈 번 사람들이 등장하고 갑자기 코인시장 뉴스가 나오죠.

시즌이 다시 시작되는 것이에요.

그러다가 다시 소시민들이 돈을 잃으면?

시즌 종료가 되고 또 세력들이 관망상태로 들어갑니다.

다시 몇 년이 지난 후에는 다시 시장을 살리기 시작하고요.

필자   세상에.

K   철저한 세력들의 논리라고 할 수 있죠.

돈 앞에서는 냉정하게 판단하는 거죠.

세력에게 돈이란 건 권력이고 생명이에요.

돈이 있으니까 다른 사람들을 부릴 수 잇다고 여기고요.

돈이 없으면 아파도 병을 못 고치니까 죽는다고 여기거든요.

자기들의 지위가 돈이라고 여기는데

절대로 돈을 함부로 하지 않죠.

그런 삶을 살아가는 게 세력들이에요.

그런데 코인시장이 주춤하다?

코인투자판에 유동자금이 줄었다고 판단되면?

필자 판단되면요?

K 세력들은 코인투자판에서 나가고요.

그 번 돈으로 건물이랑 부동산을 삽니다.

그러면 시간이 흐르면서 다시 가격이 오르겠죠?

필자 세상에.

K 필자님의 말씀을 들으니 이미 눈치채신 거 같습니다.

필자 소시민들은 뼈 빠지게 돈 모으고 돈 벌어야하는 기간인 거
잖아요?

세력들은 번 돈을 부동산으로 또 돈 버는 거네요?

소시민들은 손실을 메꾸느라 힘들게 살아가는데.

K 그래서 제가 인터뷰를 하고 있는 겁니다.

필자 그런데요, 그런 생각이 듭니다.

세력들이 주무르는(?) 코인투자판이라고 한다면?

그래도 업계의 자정작용도 생길 것 같은데요?

가상화폐 거래소들마다 가상화폐 종목을 상장심사도 하고
요.

부적절한 행위에 대해서는 관리를 하는 거 같아서요.

K 네.

그래서 가상화폐 투자는 비전이 있다고도 보입니다.

다만, 이 인터뷰를 비롯해서

거래소들도 노력해야 하는 거죠.

무엇보다도 중요한 것이 있는데요,

가상화폐 투자자들이 스스로 올바른 투자를 해야 겠죠.

필자 올바른 투자란 무엇일까요?

그리고 앞으로 가상화폐 투자는 어떻게 전개가 될까요?

워낙 불확실성이 큰 분야라서 판단하기가 어려울 수 있지만요.

K님 입장에서 예상해보는 가상화폐 투자, 어떤 게 있을까요?

K 다음 단락에서 말씀드릴 수 있을 것 같은데요.

우선 제 개인 입장에서 의견을 내보자면은요. 이렇습니다.

코인투자는 도박이다? 아니다? 물어본다면

저는 '도박이 아니다'라는 의견입니다.

필자 아, 그건 왜인가요?

사실상 보면, 많은 분들이 코인은 화폐가 아니라고 하시고 내재 가치가 없다고도 하시고, 가상화폐로 물건 하나 살 수 있냐고 반문하시거든요.

그분들 이야기를 들어보면 합리적이기도 합니다.

그런데 내심으로 미래에 가상화폐가 실제로 사용될까?

뭐 그런 반문도 생기고요.

K 투자로 돈 벌기라는 점에서

가상화폐는 화폐가 아니라고 보입니다.

가상자산이라고 보는 측면이 더 가깝겠습니다.

눈에 보이지 않는 자산이라고 할까요?

부동산이나 아파트가 아니지만 존재하는 자산인 거죠.

필자 그럼 코인에 투자,

아니 가상자산에 투자를 한다면 돈을 벌 수 있을까요?

또 다른 질문으로, 가상화폐가 실제 사용 가능한 화폐가 아

니라면 왜 화폐라는 표현을 사용할까요?

K 제 개인의견이라는 점을 전제하고 말씀드리죠.

크립토 커런시.

영어로 가상화폐라는 의미입니다.

사실상, '화폐'라는 게 물물교환을 대체하는 지불수단인 거

죠?

우리가 물건 사면서 화폐를 지불하는 거죠.

물건과 화폐를 교환하는 것이고요.

그런데 어느 순간부터 사람들은 서비스에도 화폐를 지불합

니다.

서비스란 눈에 보이는 상품이 아니거든요.

그런데 화폐를 지불합니다.

서비스 대가로요.

필자 음, 그렇죠.

K 그 의미는 '돈을 줄테니 서비스를 제공해 달라'는 것이겠죠?

반대로 '서비스를 제공했으니 돈을 지불하다'는 것이겠고요.

물건과 교환가치라고 화폐가 등장했는데

어느 순간 눈에 보이지 않는 서비스를 상품이라고 부르면서

화폐를 대가로 지불하고 있습니다.

필자 아하. 그렇고요.

K 가상화폐인 경우로 생각해 보죠.

비트코인은 BTC마켓이라고 있는데

BTC마켓에서 다른 가상화폐를 거래하는데 기축코인으로 쓰입니다.

비트코인으로 다른 가상화폐를 사고 팔고 있는 거죠.

가상화폐 마켓에서는 최소한 비트코인이 화폐인 셈이죠.

필자 그거는 코인투자자들 내에서만 허용되는 거 아닌가요?

대다수 사람들은 실물경제에서 가상화폐로 결제할 수 있는 게 없다!

그런 주장인 것이고요.

K   일부 인터넷기업과 플랫폼에서는 가상화폐로 결제할 수 있습니다.

가상화폐가 화폐로서 가치를 가져가는 부분이죠.

아직은 그 사용범위라든지 혜택이 만족스럽지 않을지언정 화폐로서 가상화폐를 사용하고 있는 건 맞습니다.

그렇죠?

필자   네, 그렇긴 하죠.

K   다른 경우를 생각해 볼까요?

비트코인의 가격변동성이 너무 크다고 합니다.

그래서 화폐로서 허용될 수 없다고 하죠.

그런데 만약에.

필자   만약에?

K   가격 변동성을 잡을 수 있다면요?

비트코인의 가격통제가 가능하다면 어떻게 될까요?

필자   비트코인 자체가 탈중앙화 화폐를 기치로 내걸었는데 가격 변동성을 잡는다는 건 다시 중앙화된다는 것인가요?

누가 그 일을 담당하죠?

K   이렇게 생각해 보죠.

필자님도 다이아몬드가 있다고 해보죠.

다이아몬드는 가격이 비쌉니다.

그런데 다이아몬드 광산을 가진 사람은 다이아몬드가 가장 많은데 왜 다이아몬드를 팔아서 큰 돈을 벌지 않을까요?

필자 다이아몬드가 시장에 많이 풀리면 가격이 하락할 거니까요

K 비트코인은요?

필자 네?

K 비트코인을 가장 많이 가진 사람이 물량을 조절한다면요?

현재 상황을 볼까요?

많은 사람이 비트코인을 가지려고 하면서 가격이 폭등하고 가격 차이가 생기면 그걸 이용해서 수익을 내려는 사람들이 몰리면서 가격하락이 되죠?

그러다가 각종 언론이나 인플루언서들이 비트코인에 대해 이러쿵저러쿵 이야기하면

가격변동이 생기는 상황으로 볼 수 있습니다.

필자 아무래도 그런 영향이 있겠죠?

K 그렇다면 비트코인을 다이아몬드라고 생각해 보죠.

가장 많이 가진 사람이 물량을 통제한다면

일정 부분 가격변동성이 조절될 것 같은데요.

어떻게 생각하세요?

필자 불가능할 것 같진 않습니다.

저도 K님의 논리에 흡수되는 것 같기도 한데요.

그래도 제 입장에서 중립적으로 생각을 해보는 거죠.

K 지금은 가상화폐 시장이 초창기이자 성숙기에 접어든다고 보입니다.

사실 이름만 다르지 사람들은 많은 화폐 대체 수단을 써왔습니다.

플라스틱으로 만든 카드도 그렇고요

문화상품권처럼 상품권도 있죠.

복권도 당첨되는 순간 그 작은 종이가 유가증권이 되는 셈이죠.

복권에 숫자 역시 당첨되는 순간 복권을 돈으로 만들어주고요.

세상에 화폐 대체수단은 많은데 그 이유는 가치인정이 되는 것이고 가상화폐도 가치인정이 되는 순간 화폐로서 통용될 거라 보입니다.

필자 지금은 가상화폐의 소유를 두고 사람들이 거래하고 경쟁한다?

주도권을 확보하기 위한 경쟁단계로 보인다는 말씀같은데요?

K 그 부분은 필자님과의 다음 인터뷰부터 이어가야 될 것 같습니다.

비트코인을 만들고 현재도 채굴하고 있는,

사토시에 대해 알아보면 비트코인과 가상화폐의 미래가 보일 것 같습니다.

필자   네. 알겠습니다.

아참, 그런데요, 다음 단락으로 가기 전에 한 가지 더 알려주시죠.

아까 선물거래?

세력들이 코인 투자하는 곳이라고 들은 거 같은데요,

세력들이 선물거래로 돈 버는 법을 알려주세요.

궁금해서 미치겠습니다.

솔직하게 말씀드리자면 세력들이 어떻게 돈 버는지 알고 싶은 거죠.

K   예를 들어 보죠.

코인투자는 가격상승이 있고 가격하락이 있습니다.

누구는 돈을 벌고 누구는 돈을 잃습니다.

이건 필수적인 거죠?

코인투자자들은 여기에 이의를 달지 않습니다.

맞죠?

필자   아무래도… 그렇겠죠?

투자는 자기 책임이다, 뭐 그런 이야기도 많이 들으니까요.

K   이거 먼저 여쭤볼게요.

거래소들은 코인을 살까요? 안 살까요?

가상화폐거래소로서 선물거래소도 그렇고 일반 거래소도

그렇고.

다른 나라의 A거래소라고 해두죠.

필자　A거래소에서요?

거기는 코인투자자들의 거래수수료로 수익을 내는 거 아닌가요?

코인투자 거래량이 많을수록 수수료도 더 많이 얻으니까요.

K　그렇겠죠?

그렇다면 한 번 생각해 보세요.

필자님이 A거래소 첫 화면을 보셨어요.

어디부터 보십니까?

필자　코인거래시세 부분이죠.

어느 코인이 얼마인지, 상승장인지 하락장인지.

어느 코인이 급등하고 있는지?

K　가격변동이 느리고 거래량도 별로 없는 거 같다고 보이면요?

필자　에이,

그리고.

나중에 다시 와야지.

그러겠죠?

K　A거래소 입장에선? 손님을 놓친 셈이죠?

필자님이 A거래소를 만들었어요.

그런데 손님이 왔다가 그냥 나가는 걸 막고 싶어요.

어떻게 하실 건가요?

필자   아, 세상에.

A거래소에서 사둔 코인으로 시세를 띄운다는 거죠?

거래가 활발한 것처럼요?

K   예리하시네요.

그래야 손님이 들어오니까요.

필자   세상에.

K   거기서 끝이 아니죠. 조금 더 알아보시죠.

로그인하고 종목을 고르셨습니다.

시장가로 하시나요? 지정가로 하시나요?

필자   급하면 시장가, 시간적 여유가 있으면 지정가로 하죠.

근데 왜요?

K   아까 말씀하셨듯이, 거래량이 클수록 A거래소의 수익이 늘어납니다.

그렇죠?

필자   네네.

K   필자님이 시장가로 매수하면 A거래소에 프로그램이 작동해서 시장가를 골라서 매수합니다.

매도도 마찬가지죠.

A거래소 입장에선 어느 편이 수익을 더 많이 얻을 수 있을까요?

필자   매수할 때는 되도록 높은 금액으로,

매도할 때도 되도록 높은 금액으로요.

그래야 수수료가 많죠.

K   A거래소 프로그램은 한푼이라도 수익을 더 얻기 위하여 작동할까요?

아니면 수익을 포기하더라도 그냥 공정하게 시장가로 작동할까요?

그 시장가라는 건 누가 정하는 건가요?

지정가로 해보셔도 좋아요.

분명히 100원 대에 가격변동을 보고 들어가서 지정가 버튼을 누르고 매수하려고 했더니 가격대가 갑자기 올라서 120원대에서 왔다갔다 해요.

이게 뭔 일이람? 생각하게 되죠.

이거 가격반등인데?라고 생각할 수도 있죠.

그래서 일단 지정가에 조금 높아도 매수를 합니다.

그런데 이상하게 사자마자 하락해요.

다시 100원대로 갑니다.

패닉 상태가 되죠.

"아니, 왜 내가 사기만 하면 값이 떨어지냐고?"

"아니, 왜 내가 팔기만 하면 값이 올라가냐고?"

필자　어허, 참...

K　이러한 부작용을 막기 위한 방편의 하나로 '코인거래 계좌 실명제'가 도입된 것이라고 볼 수 있는 것이죠.

아마도 제 개인 추측일뿐입니다만,

코인거래 계좌실명제 요건을 충족하고

가장 먼저 기관에 신청하는 거래소가 어딘지 눈여겨 보시면

그곳이 가장 믿을만한 곳이라고 할 수 있겠습니다.

그리고 이번엔 선물거래소를 알려드릴게요.

필자　네네.

K　선물거래는 투자자가 가진 돈 얼마를 걸고

어느 코인이 오를 것이다에 몇 배 예상을 걸던가 내릴 것이다에 몇 배를 겁니다.

한정금액 걸던가 전액을 걸고 하던가 하죠.

필자　그렇군요.

K　예를 들어, 비트코인 가격이 내릴 것이다에 돈을 걸고 그게 적중해서 20배를 땄다고 해보죠.

필자　신나는 거죠. 상상만 해도 좋네요.

K　이게 반복되면 그 가격대에 투자자들이 몰립니다.

소액으로 벌다가 점점 금액을 늘리기도 하죠.

사람들이 몰리니까 금액대가 커집니다.

필자 시장이 커지는 거죠?

그런데요?

K 그런데 거기 몰린 투자자들이 생각에

'지금까지 이 가격대에서 반등했으니까 이번에도 반등할 거

야' 하죠.

필자 음. 그렇… 겠죠?

K 하지만 투자자들이 최대치로 몰렸다고 생각되던 그 순간!

선물거래에서 급하락이 이뤄지고~ 거기 몰렸던 투자자들

은 베팅한 투자금 전액을 청산당합니다.

필자 네? 어째서 그렇죠?

K 이번엔 선물거래소 경영자가 되어 보시죠. 외국의 A 선물

거래소라고 가정하겠습니다.

선물거래 수수료가 있습니다. 이 금액만으로 회사 운영이

될까요?

사람들이 돈을 안 걸어요. 소액만 해요.

그러면 트래픽 비용이랑 유지비용만 엄청 나가겠죠?

그렇다면?

사람들이 돈을 벌게 해줘야죠?

사람들이 큰 돈을 벌어야 수수료도 많이 벌죠?

필자 네, 그렇죠.

K 그러려면 A거래소의 선물거래 프로그램이 작동할 수 있겠죠?

필자 네?

K 선물거래에서 롱 포지션이냐, 숏 포지션이냐?

얼마의 금액이 모였느냐?

이건 A선물거래소 프로그램이 다 알고 있습니다.

그러다가 가장 큰 수익을 낼 수 있을 때 프로그램의 신호등이 켜지죠.

그때 반등하던 지점에서 반등하지 않고 하락하게 되면요?

반등에 돈 걸었던 투자자들은 모조리 청산 당하겠죠?

필자 설... 설마요.

K 하하.

아까 제가 힌트 드렸는데요.

세력들은 어디서 논다고 말씀드렸나요?

그들이 거래소에 펌핑을 하게 되는 시점은요?

필자 그... 그러면 세력들이 끼는 건가요?

K 그건 아무도 모릅니다.

상상할 뿐이죠.

필자 여러 의문을 갖게 되는군요.

02

비트코인 이야기
– 비트코인에 대해 알아볼까요?

K 자, 그럼 비트코인 이야기를 시작할까요?.

필자 네네.

K 살짝 긴장되는군요.

필자 별말씀을요.

차분하게 설명을 잘 해주시고 계십니다.

자, 그러면 질문 드리겠습니다.

첫째, 비트코인을 처음 시작한 사토시 나카모토는 누구이 며 비트코인을 최초로 직접 채굴하면서 자신의 지갑에 모아 두기만 했는데, 그가 가진 비트코인은 2021년 3월 시점 기 준으로 110만 개로 원화로 환산하면 약 80조 원에 해당하 는 금액입니다.

그는 자기가 모은 비트코인을 어떻게 사용하려고 할까요?

K 우선 사토시 나카모토에 대해서는

지금도 많이 알려진 바가 없습니다.

스스로도 신비주의를 구사하는 게 아니냐 생각할 수도 있지만 제가 생각하기엔 그런 건 아니고요.

오히려 신분이 언젠가는 노출될 텐데

그전까지라도 비트코인을 최대한 많이 모아두려는 것 같습니다.

필자 그래도 비트코인으로 이렇게 세상을 흔들어놓고 너무 조용히 있는 건 아닌가 궁금하기도 한데요.

K 그건 사람들의 궁금증이겠죠.

사토시 나카모토는 전혀 궁금하지 않겠죠.

자기 계획이고 자기 삶이니까요.

이 대답이 약간 선문답 같아보이는데요

말씀드리자면, 지금까지 공개되거나 알려진 내용들에 대해 사람들이 추측성 이야기를 흘려놔서 사실 어느게 정확하다 할 수는 없습니다.

사토시 나카모토가 스스로 자신은 일본인 남자이며 1975년 4월 5일이 생일이라고 주장했다지만 이것도 정확한 건 아니죠.

필자 지금까지 알려진 내용은 어떤게 있나요?

아니면 사람들이 이럴 것이다 라고 추측하는 내용들은요?

K 지금까지 알려진 거라고는 비트코인이 전부에요.

사토시 나카모토는 정체가 불분명하죠.

이름부터 의문이 들어요.

사토시 나카모토(SATOSHI NAKAMOTO)는 일본식 이름이 아니에요.

사토시 나카모토라고 주장했다는 그 사람이 공개한 건 영어 알파벳뿐이거든요.

사토시 나카모토란 건 개인 한 사람이 아니라 그룹이나 어떤 단체일 수도 있어요.

또 모르죠.

어쩌면 글로벌 소프트웨어 기업에서 일하는 프로그래머들일 수도요.

필자 흠. 그러면 이름 자체가 국적 불명의 암호 같은 건가요?

미스터리하네요?

혹시 이름 때문에,

누가 그인지 몰라서 비트코인이 더 주목받는 건 아닐까요?

신비주의라면 왠지 사람들이 매혹적으로 끌리는 포인트잖아요?

추리 좋아하는 사람들이나 음모론자들이

혹할만한 부분이지 않습니까?

거기에다가 막대한 돈까지 연관되어 있으니까요.

K 사토시 나카모토라는 이름이

SATOSHI NAKAMOTO라고 일본식 발음과 비슷하긴 해

요.

그런데 IT 분야에 일하는 어떤 사람들이 추측하는 바로는 삼성의 SA랑 도시바의 TOSHI를 붙여서 사토시가 되고 NAKAMICHI와 MOTOROLA에서 NAKAMOTO를 붙이기도 하거든요.

필자 다시 생각해보더라도,

비트코인으로 세계를 흔들었다고 봐도 무방하겠죠?

그런 사람이 어딘가에 있는데 얼굴도 모르고 누구인지도 모른다.

그가 가진 비트코인이라는 자산이 세계 부자 순위를 바꿀 정도라면 이건 정말이지 각 나라 정보국에서도 관심을 가질 사안이라고 보여지는데요.

K 네.

실제로도 각 나라 정보국에서

사토시 나카모토를 찾으려는 움직임이 있다고 하는데요,

제가 그 사람이라고 하더라도 쉽게 나타나려고 하진 않을 것 같습니다.

필자 그건 왜일까요?

K 그가 가진 비트코인 때문이겠죠?

탈중앙화를 위하여 가상화폐로 만들었다고 하니 세계 각 나라에 경제 수장들이 탐탁지 않아 할 것 같고요,

그가 가진 상징성이나 비트코인의 가치가 엄청 크므로 세계 부자 순위에 들어갈 정도이니 그를 노리는 자들이 많이 있겠죠?

필자 아이러니하네요.

2008년 글로벌 금융 위기 탓에

탈중앙화를 위한 디지털 화폐로 탄생한 게 비트코인이라고 하는데 오히려 사토시 나카모토는 자기가 만들어낸 비트코인 때문에 숨어지내는 신세가 되어버린 것 같으니까요.

비트코인으로 새로운 중앙집권화가 되는 거 아닙니까?

옥상 위에 옥상이라는 말 있잖아요?

탈중앙화를 주장하는 블록체인 기반의 가상화폐인데 오히려 가상화폐들의 중심이 되었다면?

비트코인을 중심으로 다른 가상화폐들의 단가가 정해지고 평가된다면 이건 애초에 목적지를 향하던 길에서 다른 방향으로 나아가는 건 아닐까요?

비트코인을 쥐고 있으면 가상화폐가 만들어가는 경제 생태계에서 힘이라고 할까,

권력을 가질 수 있다고 생각되는데요.

K 비트코인의 시작은 2008년 10월 무렵입니다.

사토시 나카모토라는 사람이 "Bitcoin: A Peer-to-Peer Electronic Cash System"이라는 9쪽 분량의 논문을 인터

넷에 올렸는데요,

https://bitcoin.org/bitcoin.pdf이란 사이트입니다.

필자 네,

K 여기까지만 보면 사토시 나카모토가 누군지 금방 파악할 수

있다고 생각할 수 있죠.

도메인 주소도 있고 논문도 있으니까요.

그런데 그게 쉽지가 않습니다.

도메인 주소는 vpn(virtual private

network: 가상사설망)이라고 하죠?

사이트 우회접속 방법을 써서 어디에서 접속했는지 쉽게 찾

아낼 수가 없었어요.

필자 사토시 나카모토는 지금껏 단 한 번도 모습을 드러낸 적이

없던가요?

K 2014년에 뉴스위크誌는 일본계 미국인 도리언 프렌티스 사

토시 나카모토(Dorian Prentice Satoshi Nakamoto)가 비

트코인의 창시자라고 보도한 일이 있습니다.

하지만 공교롭게도 2009년에 P2P

foundation에 올라온 사토시 나카모토의 계정이 "I am

not Dorian Nakamoto."라는 댓글을 작성한 것이 밝혀지

면서 사토시 나카모토의 정체는 미궁 속에 빠지게 된 거죠.

필자 근데 궁금하긴 합니다.

비트코인을 만들게 된 이유는 알겠는데요,

자기가 채굴한 비트코인을 판다고 하면 어떻게 될까요?

사토시 나카모토가 자기가 만들고 자기가 채굴해서 자기가 판다?

어째 좀 모양새가 떨어지는 것 같기도 하고요

K   그렇겠죠?

2009년에 생성된 비트코인 지갑에서

비트코인 몇 개가 출금된 적이 있다고 하는데요.

인터넷에 올라온 정보들에 의하면 그 당시에 비트코인 단가가 하락했다고 하는 걸 보면 사토시 나카모토가 비트코인을 파는 건 사람들이 원하지 않는 것 같습니다.

필자   음. 비트코인에 대하여 최초의 가상화폐라는 수식어 외에 또 어떠한 설명이 가능할까요?

K   사람들이 많이 알 듯이 블록체인이라는 키워드로 표현될 것 같습니다.

이 블록체인이라는 건 개인 간 거래원장이라고 할까요?

예를 들어, 우리가 은행을 거래하면 은행 통장(전산)에 입출금 기록이 남습니다.

그런데 이 은행 전산을 해킹하면 우리 입출금 내역이 사라지거나 심지어 마이너스가 될 수도 있는 거죠.

하나의 은행이 수많은 사람들의 입출금 내역을 관리하는 구조에서는 해킹 한 번 당한다면 그 피해가 상상조차 안 될 것입니다.

그래서 2008년에 이러한 중앙집권적 금융체제에서는 비합리적이라고 주장하며 블록체인 방식의 거래원장으로 등장한 게 블록체인이라고 설명할 수 있겠습니다.

사람들의 금융거래 내역을 은행 한 곳에 저장해두는 게 아니라 블록체인망에 참여하는 모든 사용자들의 거래원장(블록)에 기록해두는 식입니다.

블록이 서로 연결되어 있다 해서 블록체인이라고 부릅니다.

물론 더 자세하게 설명하자면 할 수도 있지만 간략하게 설명해서 이렇습니다.

필자   그러면 이 블록체인이 중앙집권적 구조와 비교해서 장점이 뭐가 있을까요?

K   해킹에 의한 거래내역 조작이 거의 불가능하다는 점입니다.

필자   아! 거의 불가능하다는 표현을 사용하셨는데요.

해킹이 가능할 수도 있다는 의미인가요?

K   현재로선 블록체인은 해킹이 불가하다고 이야기하죠.

가령, 어느 블록을 해킹해서 거래내역을 조작했다고 하더라도 다른 연결된 블록들은 기존 거래 내역을 보존하고 있기 때문에 해킹에 의한 조작이 불가능합니다.

해킹하려면 모든 연결된 블록들을 해킹해서 일괄적으로 조작해야 된다는 건데요,

이러한 해킹이 거의 불가능하다고 보는 이유입니다.

나중에야 또 모르지만요.

필자 비트코인이 이러한 블록체인 기반의 가상화폐라고 하는 말씀이시죠?

비트코인을 거래하면 그 거래내역이, 그러니까 누가 얼마만큼의 비트코인을 갖고 있다는 내역이 각 블록체인마다 기록되어 있으므로 거래내역 조작이 불가능하다는 것이고요.

K 네, 그렇습니다.

필자 그런데 비트코인처럼 다수의 블록체인이 연결되면 거래내역을 기록하는데만도, 거래가 발생할 때마다 기록하려면 오랜 시간이 걸릴 텐데요?

그 사이에 가격 변동이 생길 수도 있고요.

만에 하나라도 오류가 나거나 전원이 꺼지거나 하면 어떻게 되나요?

중단된 블록부터 이어서 저장되나요?

아니면 처음부터 다시 시작되나요?

K 추진되고 있는 가상화폐 관련 법에서는 '정전 등 부득이한 사유가 발생한 경우에는 사전 예고 없이 일시적으로 서비스

의 전부 또는 일부를 중단할 수 있다'고 하는데요, 현재로선 마땅한 대안책이 없습니다.

다만, 모 거래소의 경우엔 서비스 오류가 생겼다가 다시 작동되었을 때 보니 매매 전으로 돌아간 상태였다는 어느 코인투자자의 불만 글도 올라온 경우가 있습니다.

각 주장의 진위를 확인할 수 없는 상황에서는 평가를 내리기도 어려운데요.

블록체인 기술적으로는 두 가지 모두 가능할 것으로 생각됩니다.

필자 그렇다면 말이죠.

정리해보면, 사토시 나카모토는 누군지 모른다.

하지만 정체가 없는 건 아니다.

논문도 만들었고, 블록체인 기술도 개발했고, 여기에 참여한 개발자들도 여럿 있다.

블록체인이란 거래에 참여한 모든 이들의 장부에 거래내역을 기록하는 것인데 한 번 거래가 이뤄질 때마다 참여자가 많을수록 시간이 오래 걸린다?

이정도이군요,

그런데요 블록체인이랑 가상화폐는 어떤 연관성이 있습니까?

K 블록체인은 가상화폐가 아니죠.

가상화폐도 블록체인이 아닙니다.

같은 이야기인데요,

블록체인이란 데이터 저장방식이라고 이해할 수 있습니다.

프로그램이 작동해서 어떠한 결과물을 만들었다고 할 때, 예를 들어 은행에 돈을 저금했다고 할 경우엔 그 내역을 기록해두는 장부가 필요할 거 아닙니까?

그게 과거엔 은행에만 저장되는 거였는데,

블록체인 기술은 블록체인망에 참여하는 모든 사람들이 장부를 하나씩 모두 갖고 있는 것이고 거래가 발생할 때마다 모든 장부에 그 내역을 기록해두는 겁니다.

제가 비유하자면 탈중앙화를 이루는 기술이라기보다는 분산화를 이루는 기술이라고 부르겠습니다.

거기엔 분산에 따른 일체화 기술이 들어가고 실시간 이뤄지는 것이므로 동시화라는 기술이라고도 부르겠습니다.

분산화, 동시화, 일체화 기술을 한번에 사용하면서 탈중앙화가 되고 블록체인이 되는 것이라고 할까요?

가상화폐란 비트코인 같은 것을 의미하는 게 아닙니다.

가상화폐란 Cyber Money(사이버 머니)/Cyber Currency(사이버 커런시) 의미이거나 Virtual Money(버츄얼 머니)/Virtual Currency(버퓨얼 커런시)라는 의미이고요, 가상 화폐 혹은 사이버 화폐라고 부르면서 인터넷 사이트 등처럼 가상공간이나 사이버 공간에서 사용되는 화폐를 가리키죠.

우리나라에서는 1996년 무렵에 처음 등장하였고요, 2009년경엔 국내 법원에서 사이버 머니로서 자산가치를 인정받은 경우도 있습니다.

그래서 비트코인 같은 것을 의미하는 단어는 CryptoCurrency(크립토 커런시:암호화폐)라고 부를 수 있고요, '크립토(crypto)'는 암호화라는 의미이고 '커런시(currency)'는 화폐라는 의미에요.

여기에 전자적 '분산 장부(Distributed Ledger)'에서 암호화서 전송하고요 '해시 함수' 값에 의해서 누구의 소유인지 소유권을 인정받을 수 있는 디지털 자산이라고 볼 수 있어요.

이를테면 여러 곳에 있는 장부에

암호화된 방법으로 소유권을 기록하는 것이라고 할 수 있죠.

비트코인의 유래도 엄밀히 따져보자면 사토시 나카모토가 처음이라고는 할 수 없을 것 같습니다.

1983년엔 데이비드 차움(David Chaum)이라는 암호학자가 화폐를 암호화하는 공식을 개발했다고 하거든요.

그 이후에 1998년경엔 분산화된 전자화폐에 관한 논문이 발표된 게 있고요. Nick Szabo(닉 사보)라는 컴퓨터 공학자에 의해 블록 암호와 검증구조에 대한 프로그램이 나온 게 있다고 전해지죠.

사토시 나카모토는 이러한 기술에 더해서 암호화폐시스템을 만들어낸 것인데요. 초기엔 전자화폐라고 불리거나 가상화폐라고 불렸어요.

그런데 구동방식 자체가 가상화폐랑은 다르니까 크립토커런시라는 암호화폐라고 부르는 것이죠.

그리고 '채굴'이란 것은 블록을 만들어내는 과정이라고 이해하면 될 것 같은데요.

기존 블록망에 블록을 추가하는 과정인데요 난이도가 점점 높아져서 그 생성 시간이 길어지는 거죠. 채굴에 성공하게 되면 블록이 생성되고 그 보상으로 비트코인을 받게 되는 거죠.

블록을 만들게 되면 그 다음엔 채굴을 하지 못하더라도 비트코인 거래에 따른 수수료를 받을 수 있습니다.

점점 난이도를 어렵게 하는 이유는 블록 생성을 어렵게 해서 비트코인을 누군가에게 몰아주는 일이 없도록 하려는 차원이고요. 그렇게 해야 분산화라는 취지에 맞는 거죠.

난이도는 2,016개의 블록이 생성될 때마다 어려워져서 컴퓨터로 복잡한 연산과정을 거쳐야 하는데 그래픽카드를 사용하기 때문에 전기료가 만만치 않게 들어가는 거죠.

채굴 시간이 길어지는데 전기료가 더 나온다면? 경제성이 점점 없어지겠죠?

그래서 비트코인은 총 2,100만 개만 생성될 수 있고요, 현재 시점에서 유통되는 양은 전체의 15% 정도뿐입니다.

블록체인이란 다시 말해서 모든 거래가 기록되는 원장(장부)로서 장부는 누구나 갖고 있을 수 있고요, 누구에게나 열람이 허용되죠.

이 장부를 갖고 있으면 비트코인 거래 수수료, 블록체인 기반의 암호화폐 거래수수료를 받게 되는 거죠.

그런데 비트코인의 블록체인이 있고 여기서 새롭게 블록체인의 장점을 특화시켜 파생된 다른 암호화폐들도 생겨나고 있어서요, 일반적으로는 대장 비트코인 외에는 메이저코인으로 구분하고 다른 코인들은 알트코인이라고도 부릅니다.

비트코인 채굴은 채산성이 중요한 건데,

해시속도, 채굴시 사용되는 전력(와트), 전기세 등의 정보를 입력해서 계산합니다.

해시(Hash)란 건 암호화 되어 있는 문제의 경우의 수를 찾는 알고리즘을 의미하고요.

필자　사토시 나카모토?

그 사람은 비트코인을 모으고만 있다고 하는데요, 이 사람

이 한명인지 여럿인지 모르지만요,

이 사람은 어떻게 하려고 하는 걸까요?

다시 말해서, 이 사람은 무엇을 계획하고 있는 걸까요?

자기가 만든 비트코인을 계속 모으고만 있다 이거에요.

K 이것부터 이해하셔야 될 겁니다.

가령, 암호화폐는 그걸 보관하는 지갑이 있죠. 이러한 지갑은 누구의 소유인진 알 수가 없습니다만 언제 생성되었고 얼마나 많은 비트코인이 들어 있는지는 알 수가 있습니다. 그게 블록체인인 거니까요.

그리고 그런 지갑은 비밀번호가 있어서

제3자가 그 지갑을 열어서 비트코인을 가져갈 수도 없습니다.

한 가지 재미있는 건요, 2009년 비트코인이 처음 채굴된 시기에 생성된 지갑이 있다는 겁니다. 이 지갑에는 지금도 계속 비트코인을 채굴해서 지갑 안으로 들어가고 있고요.

한 번도 꺼낸 적이 없습니다.

필자 아하! 그럼 그 지갑의 주인이 혹시?

K 사람들이 그 지갑의 주인이 사토시 나카모토라고 추측하는 거죠.

필자 그렇다면 그 지갑 주인을 찾으면 될 거군요?

K 찾을 수만 있다면 가능하겠죠.

하지만 암호화폐 지갑은 무한정으로 생성할 수 있어서요, 누구 소유인지는 알 수가 없습니다.

사용내역은 블록체인이라는 거래원장에 다 기록이 되는데 소유주는 드러나지 않는 거죠.

다만, 그 지갑에서 만에 하나라도 비트코인이 0.000000001개 라도 나온다면 얘기는 달라집니다.

그 비트코인이 어디로 가는지 실시간으로 즉시 추적이 되거든요. 아마도 각 국에서 그 지갑만 눈여겨 보고 있을 거라고 생각합니다.

필자   그렇다면 이거.

사토시 그 사람도 지갑에서 함부로 비트코인을 뺄 수는 없겠네요?

K   그렇죠.

과거에 2009년도에 생성된 지갑 어느 곳에서 비트코인이 출금된 적이 있어요.

많은 양은 아니었는데, 사람들은 그 지갑이 사토시 것이라고 생각했고요

필자   아하, 네네.

정체가 나왔나요?

K   아니죠.

또 다른 누군가의 지갑으로 이동했어요.

누구의 것인진 알 수 없었죠.

근데 눈여겨 볼 상황이 벌어졌어요.

사람들이 사토시가 비트코인을 꺼내서 팔았다고 생각하게

되자 거래소에서 비트코인 가격이 급락했거든요.

필자   네? 그건 왜 그럴까요?

K   비트코인을 만든 사람이라고 생각하는데

그 사람이 판다면 이건 신뢰가 훼손되는 거거든요. 사람들

도 내다 팔았던 거죠.

사토시가 비트코인을 파는 것을 사람들이 원하지 않는다는

게 확인된 거죠.

필자   아하, 전설은 전설로 남아달라?

그런 의미일까요?

K   글쎄요.

그것보다는 철저히 실리주의라고 봐야죠.

자신들의 비트코인 가치에 영향을 준다고 생각하기 때문이

아닐까요?

사람들은 사토시 나카모토가 누군지는 관심이 없다고 봐야

죠.

중요한 건 비트코인의 수익성이고요.

필자   그런데 말이죠.

2021년 5월경에는 비트코인 같은 암호화폐에 대해 관련 법

률안도 우리나라에서도 발의가 되었어요.

시세조종을 하면 법으로 제재하겠다는 취지로 보이고요,

법적 테두리 안에서 관리하겠다는 취지로 보이는 거죠?

중요한 건 국회에서 법률안이 통과가 되느냐 마느냐의 문제이긴 하지만요. 이 법률안이 통과가 되면 다시 한 번 더 분석을 해봐야 될 것 같고요.

한편으론, 외국에 암호화폐 전문가들이라는 사람들이 이야기하는 건 비트코인보다도 더 뛰어난 암호화폐가 계속 등장할 것이란 이야기를 하거든요.

과연 그렇다면 앞으로 비트코인의 위치는 어떻게 될까요?

가령, 요즘엔 NFT라고 해서 대체불가능한 토큰이라는 디지털자산도 선보이면서 디지털 사진 한 장이 엄청난 고가에 낙찰되는 일도 생겼죠.

게다가 메타버스 시장을 바라보는 관련 산업계에서도 각종 장밋빛 전망을 내놓고 있고요.

K   저도 암호화폐를 하면서 눈여겨 보는 분야이기도 합니다.

관련 법률안은 항상 귀 기울이고 있죠. 그런데요, 정작 중요한 건 다른 데 있는 거 같은데요.

필자   아하,

암호화폐가 아니라 그 나중의 것?

그런 건가요?

K 사실 2017년에도 암호화폐 붐이 불었던 시기가 있죠. 그때 비트코인 가격이 개당 2천여 만원이 되면서 큰 충격이라는 이야기들이 나왔었는데요.

그로부터 3년여가 지난 겁니다.

그런데 지금은 6천 여만원이 되었고,

7천만원을 넘어섰다가 2021년 4월중반에는 5천만원대로 하락하기도 했죠. 그 이하로도요.

여기서 말씀드리고 싶은 게 있어요.

필자 네네.

K 2017년에 2천여 만 원 되던 비트코인 가격을 놓고 사람들이 큰 충격을 받았거든요.

너무 비싸다는 거였죠?

디지털 파일 쪼가리가 무슨 화폐 가치가 있어서 이렇게 비싸냐 했어요.

필자 그랬었죠. 그런데 지금은.

K 7천만 원 하다가 5천 만원대로 하락한 것을(그 이하로 하락해도) 마치 암호화폐 시장 자체가 사라질 것같다는 그런 분위기를 이야기하는 게 있어요.

과연 그런가요?

아니에요.

2017년과 비교해서도 3배가 더 커진 시장이에요.

개인적인 의견을 드린다면 암호화폐는 일시적인 가격조정이 있을 수 있어도 그 자체로 생태계가 형성되었기 때문에 나름의 방향성을 찾아갈 것으로 보는 거죠.

필자 인플레이션이 오면 대부분의 암호화폐가 사라질거라는 이야기도 있는데요,

그 점에 대해선 어떻게 보세요?

K 사실 그동안의 통화량의 유동성 증가는 코로나로 인한 경기 침체 때문에 확대된 거였다고 봅니다.

사람들이 집밖에 안 나오고 소비가 침체되니까 경기가 극심하게 안 좋아졌고 이를 막아보고자 통화를 늘려서 재난지원금 등으로 나눠준거라고 보거든요.

그런데 경기가 안 좋다 보니까 일시적으로 늘어난 돈들이 갈 곳을 못 찾고 암호화폐로 들어왔고 암호화폐 시장 확대에 영향을 준 거라고 볼 수가 있죠.

하지만 시장에 돈이 많이 풀렸다고 해서

인플레이션이 생기게 되고 물가가 오르면 생활비가 증대되므로 결과적으로 돈의 흐름이 생필품으로 흐르게 되니까 암호화폐 시장이 위축될 거라는 이야기를 할 수 있죠.

필자 그렇겠죠?

비트코인을 사려고 해도 돈이 없는데

당장 먹고 살 부분에 소비해야 하거든요.

K 대체불가능한 토큰이라고 해서 NFT라는 디지털자산이란 게 부자들의 과시용 수단이라고만 보는 건 비합리적이라고 봅니다.

실제 모 럭셔리 브랜드에서는 스마트폰 앱으로 비춰야만 보이는 신발을 출시하기도 했는데요, 대체 불가능한 디지털사진이라든가 대체불가능한 디지털그림이라고 하면 어쩐지 단독이라고 하는, 독점이라고 하는 '과시욕'이 충족되는 게 느껴지기도 하겠죠.

하지만 NFT 디지털자산을 소유한 사람들이 원하는 건 더 많은 복제와 확산이 되기를 바라는 거예요.

이런 거죠.

"당신들이 아는 그 디지털자산이 사실은 내 소유다"라는 부분이요.

이런 점을 강조하면 과시욕구를 자극하게 되고 부자들만의 돈놀이쯤으로 치부될 수도 있습니다.

필자 그렇겠죠?

다른 사람들이 다 아는 그 디지털사진이 사실은 내 것이다, 그런 과시욕이란 말씀이시죠?

K SNS에서 여행사진, 음식사진, 패션사진, 피부관리사진 등을 올리는 이유도 다른 사람들에게 나 이렇게 살아간다는 과시욕구가 작동하는 것으로 볼 수 있죠.

필자 그러니까 고가의 디지털자산의 등장이나

비트코인 같은 암호화폐의 가격이 올라가는 것도 일정 부분은 과시욕에서 비롯된 것일 수 있다?

K 일정 부분 그런 요소가 작용한 것일 수 있는 거죠.

하지만 중요한 건 암호화폐가 등장한 이후 사용되는 부분입니다.

어디에 사용될 것인가, 누가 사용할 것인가, 과연 사용될 것인가의 문제입니다.

이 점을 명확하게 짚어본다면 앞으로 NFT 디지털 자산이 어떻게 변모할 것인지,

인플레이션으로 인한 자본시장 위축으로

암호화폐시장이 위축되어 상당수의 암호화폐가 몰락할 것인지에 대해서도 예상을 할 수 있는 거죠.

필자 그렇다면 우선 비트코인부터 살펴보도록 하겠습니다.

비트코인은 2021년 5월무렵을 기준으로

총발행량의 15% 정도만 유통이 되고 있다고 하더군요.

그렇다면 나머지 물량은 아직 채굴이 안 되었거나 누군가가 갖고 있는데 시장에 풀지 않는 거로 봐야죠?

일각의 우려처럼 인플레이션으로 인한 암호화폐의 위축이 될까요?

어떻게 보십니까?

K   인플레이션이라는 건 물가가 오른다는 거거든요.

돈은 없는데 물가가 오른다?

가상화폐에 넣어둔 돈을 빼서 생활비로 써야 하죠.

가상화폐를 투자한다면 메이저 코인에 집중하겠죠?

알트코인이나 준메이저코인이나 사람들이 잘 모르는 코인들은 거래가 줄어들거나 소멸되겠죠.

하지만 그렇다고 그 코인이 쇠퇴하거나 몰락하는 건 아니라고 보입니다.

필자   아, 그건 왜 그럴까요?

K   가상화폐는 대부분 그게 사용되는 플랫폼이 있어요.

게임을 예로 들어보죠.

A라는 게임에서 게이머들에게 주어지는 가상화폐가 있다고 해보죠.

인플레이션이 생기면 그 게임이 망할까요? 게이머 접속자 수가 줄어들 수도 있긴 하죠. 수입이 줄어들면 일을 더 해야하니까 게임 시간도 줄어들 것이니까요.

하지만 게임 자체가 없어지진 않죠.

인플레이션은 게임을 망하게 하는 건 아니거든요. 그렇다면 게임 안에 가상화폐는 망할까요?

아니에요, 오히려 성장할 가능성이 더 커지죠.

인플레이션으로 수입 대비 생활비가 줄었는데 가상화폐를

거래하면 수입이 생겨요, 그렇다면 가상화폐를 더 거래하려고 하겠죠.

비트코인도 크게 다르지 않습니다.

인플레이션이 나타나면 확실히 가상화폐에 투자되는 자금은 줄어들게 될 겁니다. 하지만 더 늘어날 수도 있죠. 수익을 바라보고요.

그렇다고 비트코인 자체가 사라질까요?

예를 들어, 사람들은 이미 비트코인의 최고가를 알고 있습니다. 지금 가격이 그보다 낮다고 해서 그 최고가를 달성했던 사실을 잊는 건 아니거든요.

가령, 어떤 가상화폐의 최고가를 달성한 사실이 있다는 건 그 지점에 가상화폐를 매수한 사람이 있다는 의미입니다.

가상화폐의 개발사 입장에서는 플랫폼을 더 확산시켜야 하죠.

더 노력을 해야하죠.

사용처를 늘리고 자산가치를 인정받을 수 있게 확장방안을 강구해야죠. 왜냐하면 그 가상화폐를 갖고 있거든요.

투자자뿐만 아니라 그 회사에서도 많은 양의 가상화폐를 갖고 있다는 것이죠.

소비되게 해야 하죠.

가격이 높을 땐 안 팔고 기다렸지만 가격이 내려가면 시장에서 매도하거나 그 가치를 높일 방안을 찾아야 하는거죠?

그렇다면 플랫폼을 늘리고 가상화폐 사용처를 더 확보해야 하는 거죠.

가상화폐 시장이 주춤할 순있지만 쇠락하거나 퇴장할 거라고 보기엔 무리가 큽니다.

인플레이션으로 암호화폐, 즉, 가상화폐가 사라진다고 가정해볼까요?

물가가 올랐어요. 임금이 그대로라면 사람들은 더 일을 해야 할 것이고 대출은 더 늘어나겠죠. 이런 상황에서 가상화폐가 사라진다? 팍팍한 생활살이에서 가상화폐라는 투자수단마저 사라진다면? 사람들은 다시 복권판매대로 가겠죠? 경마장이나 도박장으로 갈 수도 있습니다. 왜냐하면 집값이랑 땅값, 부동산 가격이 너무 올랐거든요. 그런데 돈이 없잖아요?

그렇다면 서민들은 도저히 어려워진 삶에서 빠져나올 출구가 안 보이는 거거든요? 가상화폐가 사라진다고 하더라도 분명 또 다른 투자수단이 나타날 것이라고 보는 이유입니다. 만약에 그렇게 될 수 있다는 말이죠.

필자 일리가 있는 말씀인데요,

물가 측면에서 보면 어떨까요?

K 생필품 유통사라고 해보죠.

인플레이션으로 소비량이 줄었습니다.

기업은 성장해야 하고 매출은 늘어나야 하는데 가격이 오르고 하다보니 매출증가가 더디거나 정체하고 있습니다.

이럴 경우에 뭐가 필요한가요?

소비자가 필요하죠.

그런데 그 소비자는 불특정 다수보다는

구체적이고 확실한 소비자집단이라면 더 좋습니다.

가상화폐를 가진 투자자들이 있습니다.

이들에게 현금 대신 그 가상화폐를 사용할 수 있도록 길이 열리게 됩니다.

관련 기관에서도 이 부분에 대해서는 어떻게 할 수가 없을거예요. 소비진작이 이뤄지거든요.

가상화폐 투자자들이 돈은 줄었고 가상화폐는 있는데 생필품을 사려고 했더니 현금 없어도 가상화폐로 결제해도 된다면요?

손절하느니 생필품 구매하는 게 훨씬 이득이라고 보죠. 오히려 인플레이션이 생기면 가상화폐 소비가 급증할 수 있게 되는 시장이 형성될 거 같습니다.

필자 가상화폐를 가진 사람은 투자자들도 있지만 개발사도 많이 갖고 있다?

가치를 올려야 비즈니스가 되므로 제휴처를 늘리게 된다?

그런데 제휴처들에서도 소비자가 늘어난다는 것이므로 마다할 이유가 없다?

이 경우 비트코인을 필두로 해서 가상화폐들이 실생활에 소비되는 극적인 반전이 생길 것이다?

그렇게 보시는 거죠?

K 제가 생각해볼 때는 그렇습니다.

인플레이션을 막으려면 소비진작이 필요해요.

상품들은 적게 팔리면 가격이 비싸지고 많이 팔리면 가격이 내려갑니다.

그런데 가상화폐 투자자들은 청년층들이 대부분이거든요.

이들에게 돈이 없다면요?

경제적 성장을 가로막을 수 있는 요인이 될 우려가 생깁니다.

청장년층이 소비를 늘려야 인플레이션이 안정되고 경제 성장이 되는데 가상화폐에 묶인 돈이 많다면?

그들이 손절하게 하느냐 아니면 실생활에서 사용할 수 있게 해주느냐의 갈림길에 서게 되죠.

필자님께서 관련 기관 책임자 입장이라면 어떻게 하시겠습니까?

필자 만약에...

제가 그렇다면 저는 소비를 늘려주는 방향으로 할 거 같습니다.

K   가상화폐가 드디어 실생활에 폭발적으로 사용될 수 있는 새로운 장이 열릴 수 있는 거죠?

비트코인이 옛 기술이고 형성과정에 소수의 사람들이 많은 비트코인을 쥐고 있다고 해보죠.

그들의 지갑이 열리는 순간을 기다리고 있는 사람들이 많습니다.

거래가 이뤄지면서 언젠간 열릴 건데요,

그 즉시 세금부과가 되니까요.

그 가운데 사토시 나카모토도 한 명이 되겠죠?

필자   그 경우엔 재벌 순위도 바뀌는 것일까요?

막대한 양의 가상화폐를 가진 신흥재벌이 탄생되는 것일까요?

기존 화폐를 가진 재벌과 가상화폐를 가진 재벌의 경쟁이 생길 것 같은데요?

부의 경쟁이 아니라 부의 전쟁이 될 수도 있겠어요.

그래서일까요?

게임사에서나 일부 기업들이 비트코인을 위시해서 가상화폐를 사들이기 시작했다는 뉴스가 속속 들립니다만.

K   디지털자산을 사는 경우를 예로 들죠.

해외에서 NFT 자산으로 디지털 사진 한 장이 수백억 원에

팔렸다고 해보죠.

이 뉴스가 왜 나올까요?

필자 음, 글쎄요.

해외에 그 신문사에서 '꺼리'가 된다고 판단해서 기사를 냈

겠죠?

K 기사꺼리가 될 수 있다는 건 어떻게 알았을까요?

필자 음. 보도자료를 받았거나

기자가 그 경매에 참관했다거나?

아니면 취재원이 알려줬거나 하겠죠?

K 그렇죠? 취재원이 누구일까요?

보도자료는 누가낼까요?

필자 그 경매주관사에서요?

K 한 가지 더.

그 기자는 그런 경매가 있다는 걸 어떻게 알고 그 자리에

갔을까요?

필자 음.

그 경매업체에서 연락을 했을 수 있군요?

아니면 기자가 혼자 알고 갔다고 하더라도 취재요청을 했을

것이고요?

K 한 가지 더.

디지털자산은 관련 법규가 아직 제대로 확정되지 않았습니

다. 세금이나 법률에서 자유로운 부분들이 있죠.

자, 그럼 보죠.

디지털자산에 대해 경매를 하기로 했어요.

경쟁업체에서 관련 매체에 연락합니다.

어떤 기자도 취재를 하고나면 뭔가 이슈를 가져가야 좋죠?

그 경매에서 최고가 디지털자산이 나오게 된다면요? 흐지부지 끝나면 안 되죠. 매체도 왔고 디지털자산 경매도 최초로 그 경매업체가 열었던 건데요, 뭔가 이슈가 터져야죠?

돈입니다.

필자 그런데요, 돈이 너무 크잖아요?

수백 억 원을 써서 디지털 사진 한 장을 USB에 받았다고 해보죠.

그게 전부잖아요?

제가 아무리 돈이 많다고 해도 거기에 돈을 덜컥 쓰기엔 고민이 많을 거 같아요.

K 그건 돈이 얼마나 많냐의 문제가 되죠.

필자님에게 몇 조원이 재산이 있다고 해보죠.

거기에다가 IT기업이에요.

심지어 NFT기술 개발사에요.

어떻게 해야 될까요?

필자 아하, 그럼 좀 고민이 되네요.

여러 모로 보더라도 돈을 써야할 거 같아요.

개인 돈이 아니라 회사돈으로라도?

홍보가 되는 거잖아요?

K   그럴 수 있죠.

그런데 이번엔 다르게 볼까요?

디지털사진 한 장이 2백억 원에 낙찰되었다고 해보죠.

뉴스가 나갑니다.

낙찰자는 비밀입니다.

그 이유는 도난 염려 때문이라고 해두죠.

필자님께서 그 낙찰자가 누구인지, 실제로 그 돈이 지불되는지, 그 디지털자산의 저작권자에게 대가가 지불되는지? 확인하실 수 있나요?

사람들은 디지털자산이 얼마에 낙찰되었다는 뉴스만 기억하게 되죠.

필자   어허, 그것 참. 그리고 보면 또 의문이 생기네요.

K   경매라는 게 그런 부분이 없진 않다는 거죠. 경매에는 사람들이 많이 알고 있는 디지털작품이 나오게 될 겁니다.

사람들의 관심을 끌어야 하고 인지도가 있는 것이어야만 뉴스 전파 속도도 빠를 것이니까요.

그리고 경매에 부쳐서 고액의 낙찰 뉴스를 생산해낼 것이고요, 경매 이후에 모든 과정에 대해서는 철저하게 비밀에 부치는 계약을 하게 될 것이죠.

낙찰가액만큼 소유자에게 돌아가는 것이 아닐 수도 있을 수 있으니까요.

필자 디지털자산에 대한 관심을 띄우는 상황들도 차례로 마치 순서가 있는 것처럼 등장한다는 것이 주요한 점 같습니다.

세상 경제가 디지털 분야로 옮겨가는 모습이라고 할까요?

한편으론, 코로나로 인한 실물경제가 침체되면서 실물경제의 한계를 체감한 사람들이 가상자산 경제로 이동하는 모습이기도 하고요. 집에서 일하고 밥 먹고 랜선으로 모임갖고 공연 보는 삶이 그닥 불편한 것은 아니더라는 인식이 생기는 것이기도 하겠죠?

그런 점에서 한 가지 단점이라면 밖으로 나와서 일하는 사람들이 점점 줄어든다는 점도 생기고요,

특히 청년층에서는 배달 음식으로 밥 먹고 온라인에서 투자하고 온라인에서 방송하여 수익 얻는 삶을 누리는 것으로도 보이니까요.

이 점에 대해서는 이 글의 뒷부분에서 다시 다루기로 하겠습니다.

다시 비트코인 이야기로 돌아오겠습니다.

어쨌든 2017년에 한차례 광풍이라고 할까요?

급속도로 인기를 끈 비트코인이 2021년에 다시 돌아왔죠.

본격적으로 관련 법안들이 하나둘 입법 상정이 되는 것 같습니다.

분위기는 일단 비트코인 광풍이라고 해도

과언이 아닐 정도로 보이는데요, 우리 주위에선 큰돈을 벌었다는 사람들이 속속 등장했습니다.

벼락부자라는 유행어가 등장한 반면에 재산을 잃은 사람들도 등장했습니다. 이들은 벼락거지라고 자조하기도 합니다.

가상화폐라고 부르는데 실질적으로는 크립토커런시라는 명칭으로 우리말로는 암호화폐라고 불리는 디지털화폐에 대한 이야기입니다.

이 글에선 편의상 가상화폐라고 부르겠습니다.

수천 종 이상의 가짓수가 있는 가상화폐의 '대장'은 비트코인입니다.

처음 등장할 당시엔 가치가 생길리 만무했을 것으로 보이던 비트코인이 2021년이 되면서 7천만 원을 넘겼고, 다시 하락을 했으나 오르기와 내리기를 반복, 앞으로의 추세가 어떻게 될지는 아무도 모릅니다.

긍정주의자와 부정주의자가 있습니다.

그러나 한 가지 확실한 건 이 순간에도 가상화폐로 매수 매도가 이뤄지고 있다는 점입니다.

누군가는 투자수익을 얻고 누군가는 투자손실을 입고 있습니다.

이 글은 가상화폐 코인거래 분야에 '세력'이라고 불리는 K 님과의 인터뷰를 옮기고 있습니다.

이 글의 가장 큰 목적은 가상화폐의 미래 이야기입니다.

이미 등장한 가상화폐에게 "너 그만 들어가!" 말할 수 있을까요?

이미 누군가는 돈을, 아니 투자손실을 봤습니다. 속칭, 돈 잃고 기분 좋은 사람 아무도 없다고 하죠? 언론지상에는 막대한 투자수익을 얻었다는 성공 사례만 나오는 것 같습니다.

그래서 어쩌면 더더욱 투자손실이 드러나지 않는 것일지도 모릅니다만, 어찌 되었건 지금까지 가상화폐와 비트코인, 사토시 나카모토, 코인거래소에서 수익을 내는 법 등에 대해 이야기했습니다.

아울러 여기까지 여러분들은 이 글을 통해 얻고자 하셨던 나름의 목적을 얻으셨기를 바라는 마음입니다.

다음 설명을 드리자면 가상화폐 투자가 이뤄지는 탈중앙화 화폐로서 기존 기축통화와의 배치는 어떻게 이뤄질지에 대해 알아보고 더 나아가서는 화성 탐사가 이뤄지는 현대 사회에서 현재 진행형인 우주 시대에 적합한 화폐가 될 수 있는지 그 가능성에 대하여 알아보려고 합니다.

과연 기존 통화로도 우주 시대에 사용할 수 있는지, 주인이 없는 우주에서 인류는

어떠한 방식으로 삶을 영위해 나아갈 것인지 그리고 그 수단은 무엇일지에 대해 알아보려고 합니다.

이 시도 자체는 무모할지 모릅니다.

가령, 우주선이나 우주정거장에서 ATM기기 설치해놓고 지구 위에 은행계좌로부터 현금을 인출하고 우주에서 사용할 것인지

아니면 큐알코드를 스마트폰에 넣어두고

근거리인식방식으로 신용카드 대신 사용할 것인지에 대해서도 아직 아무 것도 모릅니다.

환율은 어떻게 할 것이며 기축통화는 무엇이 될 것인지?

우주 시대의 패권을 쥐려는 세계 각국의 경쟁 속에서 우리가 해야할 일은 무엇일지에 대해서도 알아보는 기회를 갖고자 합니다.

우주에 진출한 국가들과 그 국민들은 새로운 기회를 얻을 것입니다.

반면에 상대적으로 그러지 못한 나라들과 그 국민들은 지구에 머물며 어떠한 삶을 살아야할지 가늠조차 할 수 없습니다.

디지털화폐로서 암호화폐가 시사하는 의미는 결코 작지 않다고 봅니다.

단순한 투자 수익 개념보다도 훨씬 더 장대한 가능성이 가려있다고 보는 이유이기도 합니다.

게다가 우리의 궁금증에 대하여서도 아직 아무도 이야기해주는 사람이 없어서입니다.

그래서 우리의 시도가 의미 있다고 여깁니다. 이 책이 나아가고자 노력한 방향이기도 합니다.

K님 생각은 어떠십니까?

K 네.

필자님 의견처럼 제가 이 자리에 나와있는 이유도 암호화폐의 현재가 아니라 미래 때문입니다.

지금 상황은 기존 화폐와 암호화폐 사이에 암묵적으로 서로 치고받는 경쟁이라고 해도 과언이 아닐 것입니다.

법체제가 마련된다고 하더라도 그건 지구상의 문제에 지나지 않을 수 있습니다.

어떤 국가의 법이 영향력을 갖는 건 아무리 넓게 본다고 해도 지구상의 일이기 때문입니다.

그렇다면 우주 시대에 벌어지는 일들에 대해서는 어느 나라가 어떤 법으로 통제할 지에 대해선 아무 것도 모릅니다.

정해진 바도 없을 것 같습니다.

왜냐하면 비트코인이 등장한 게 2009년이기 때문입니다.
이제 10년여 기간이 지났습니다.

그 사이 컴퓨터 기술은 획기적으로 발달했고 인공지능이 지배하는 시대가 다가올 것 같은 위기감도 생깁니다.

인류의 모든 행동을 기계가 한다면 어떤 일이 생길까요? 기계 자체가 사리판단을 하게 된다면 인류는 어떻게 될까요?

기계 스스로 옳고 그름과 선과 악을 판단한다면 그건 인류에게 어떤 영향력을 끼치게 될까요?

기계가 인류를 위하여 사용되지 않고 기계 스스로를 위하여 움직이기 시작한다면

그 순간부터는 걷잡을 수 없는 세상이 될 것으로 보입니다.
무모한 상상이라고 치부할 수도 있을 것입니다.

그러나 현재 벌어지는 가상화폐 투자 광풍은 빈부의 격차를 좌우할 성질의 것을 넘어선 지 오래입니다.

가상화폐의 가격이 등락하는 것은 가상화폐를 가진 자와 기존 화폐를 가진 자의 대결로 볼 수도 있을 것입니다.

미래 사회의 주도권을 누가 먼저 선점하느냐를 놓고 물밑에서 벌어지는 치열한 암투이기도 할 것입니다.

지구상의 법률이 통제할 수 없는 우주 시대에 먼저 나아가는 국가가 우주를 선점할 수 있다고 볼 때 그 시작은 가상화폐가 열어간다고 보이기 때문입니다.

가령, 화성에 이주한 인류가 생겼다고 해보죠.

화성에서는 어떤 돈을 쓰게 될까요?

지구로부터 인터넷뱅킹으로 결제할까요?

신용카드회사 화성 지점이 생길까요?

지구상의 법률이 화성에 거주하는 인류에게도 적용될까요?

지구상에 존재하는 우주선이나 군대가 화성에서 생길지 모르는 권력 다툼이나 이권분쟁에 시기 적절하게 관여할 수 있을까요?

가상화폐의 현재를 넘어 우주 시대에, 다가올 미래를 바라보는 이번 기회가 소중하다고 여기는 이유입니다.

필자 이어지는 가상대담에서는 탈중앙화 화폐에 대하여 살펴보도록 하겠습니다.

03

탈중앙화 화폐
– 비트코인, 디지털화폐가 될 수 있나요?

필자 　탈중앙화에 대해 이야기하겠습니다.

K 　　네네

필자 　비트코인에 대해서입니다.

탈중앙화를 내세운 가상화폐가 등장하였는데 어떻게 된 일인지 가상화폐를 가장 많이 갖고 있는 사람들은 기존에 재벌들과 은행들입니다.

왜 그럴까요?

일반 서민들은 가상화폐를 많이 갖고 싶어도 돈이 부족해서 그렇게 할 수가 없었습니다. 가상화폐에 투자(?)해서 돈을 버는 서민들은 극히 일부입니다.

하지만 그들 역시 큰돈을 버는 것은 아닙니다.

돈을 많이 불렸다?

이상하죠?

사람들은 가상화폐로 번 돈으로 부동산을 삽니다. 은행에 저축합니다. 이것은 오히려 중앙집권적 금융 생태계로 가져가는 현상입니다.

탈중앙화를 내세운 가상화폐가 다시 중앙화가 되어 가고 있습니다.

결과적으로 자본세력과 금융기관들에게 돈이 더 자꾸 모입니다.

K   탈중앙화라는 의미는 중앙으로 모이는 것을 탈피하겠다는 그런 의미잖아요? 중앙의 통제를 받지 않겠다는 것이죠.

그 기원은 2008년 미국발 서브프라임모기지론에 의한 모 금융기관의 부실이 생기면서 글로벌 경기 침체로 이어졌고, 이러한 모습을 보면서 사토시 나카모토가 탈중앙화 화폐를 만들게 된 것으로 알려졌다고 보입니다.

서브프라임모기지란 미국인들이 집을 살 때 은행에서 대출을 해줬는데요 그게 경기침체가 되면서 연체를 하는 사람들이 늘어났고 결국엔 금융권 부실로 이어지면서 은행이 파산하게된 것이죠,

그 결과로 그 은행과 거래하던 기업이나 사람들이 연쇄적으로 어려움을 겪게 되었고 이어서 다른 사람들뿐만 아니라 그 은행과 거래하던 다른 은행들도 어려움에 빠지면서 글로벌 경기침체로 이어지게 된 것인데요.

이처럼 은행에 집중된 금융거래일 경우에

언제든지 또 같은 사태가 벌어질 수 있는 것이므로 은행에 상관없는, 개인간 금융거래에 사용할 수 있는 화폐를 고안하게 된 것이라 볼 수 있죠.

필자 탈중앙화,

근데 실제적으로 개인간 거래가 되는 통화가 나오려면 전제조건이 필요하지 않을까요?

K 맞습니다.

몇 가지 요건이 필요하죠.

가령, 어떤 화폐가 탈중앙화가 되려면요,

첫째, 그 화폐를 사용하는 사람들이 많아야 합니다.

둘째, 그 화폐의 가치를 인정하고 공유해야 합니다.

셋째, 거래내역 장부가 신뢰성이 있어야 합니다.

넷째, 해킹이 불가능해야 합니다.

다섯째, 익명성이 보호되어야 합니다.

여섯째, 거래내역이 실시간으로 공유되어야 합니다.

일곱째, 사용처가 일상 다반사에 적용되어야 합니다.

우선적으로 생각해볼 요건만 하더라도 이 정도가 됩니다.

필자 네.

그런데 암호화폐가 탈중앙화 화폐로서 효용이 있나요? 어떻게 보시나요?

K 개인적인 의견임을 전제로 말씀드린다면,

비트코인은 탈중앙화 화폐가 되기엔 어려움이 많을 것 같습니다.

필자 어떤 부분이 그렇다는 것인가요?

K 비트코인의 총발행량이 정해지고 그 양만큼 골고루 나눠 갖지 않는다면 무슨 일이 생길까요?

암호화폐의 지갑은 익명성이 보존됩니다.

누구 것인지 모르죠. 하지만 그 지갑 안에 얼마가 들었는지는 압니다.

이걸 사람들이 그냥 두고 볼까요?

어느 지갑이 비트코인이 많이 들었다는 걸 아는데 사람들의 관심은 온통 그 지갑에만 쏠려 있게 될 것입니다.

게다가 비트코인이 유동성이 있는 것도 아닙니다. 사람들이 안 씁니다. 지갑에서 꺼내질 않아요. 값이 자꾸 오르니까요.

그렇다고 값이 하락한다고 해서 꺼낼까요?

아닙니다.

오를 때를 기다리게 됩니다.

그러면 시중에 암호화폐가 돌질 않아요.

화폐는 돌고 돌아야 하는데 돌지 않는 거죠. 그래서 화폐가 되긴 어렵고 어쩌면 자산이 될 수는 있겠죠.

사토시 나카모토가 해낸 업적(?)은 비트코인을 만들었다는 것이라고 보입니다.

그것뿐이죠.

오히려 사람들을 더 망가뜨리고 있는 게 아닌가 의문이 듭니다.

비트코인이 가격이 오르니까 사두려고 하잖아요?

그런데 사토시의 소유로 예상되는 지갑 안에는 비트코인이 가장 많이 들었습니다. 탈중앙화 화폐를 만든다고 했으면서 자기가 중앙화 되어가고 있는 것으로 보이는 거죠.

비트코인은 가격이 비싸다는 특성만 있는 게 아니라 채굴하는데도 엄청난 전기량이 소모되죠.

그런데 막상 소비할 곳도 많지 않아요.

소비할 곳이 있다고 해도 사람들이 비트코인을 안 써요. 가격이 오르는데 쓸 수가 없죠. 아무리 생각해도 탈중앙화 화폐로 보기엔 무리수가 있는 거죠.

그런데 사람들이 그러죠.

비트코인이 개당 1억 원이 넘을 것이다?

개중에는 10억 원이 될 것이라는 주장들도 있어요. 막상 그 금액이 되었다고 해보죠. 어떤 일이 생길까요?

은행을 통해 중앙집권적 금융시스템에서 살던 사람들이 비트코인으로 갈아타려면

그 사람들에게 비트코인이 많아야 합니다. 가격도 저렴해

야 할 것이고요.

가령, 비트코인이 많고 가격도 저렴한데

그걸로 쇼핑도 할 수 있어야 하죠.

그래야 사람들이 탈중앙화 화폐로 사용할 수 있겠죠.

그런데 비트코인 가진 게 없어요.

그걸 비싸서 살 수도 없어요.

이건 화폐가 아니죠.

디지털 자산이 된 거죠.

사토시는 자기가 자기만을 위한 '금' 같은 디지털 자산을 만든 것에 지나지 않는 것이라 보입니다.

사람들은 비트코인이란 게 가격변동성이 있고 차액이 발생하니까 거기서 투자수단으로 생각한 것뿐이고요.

필자 말씀을 들어보면 비트코인의 미래에 대해 상당히 부정적인 면도 많은 것 같습니다.

K 나중에 큰 문제가 될 수도 있다고 생각되기에 제게는 그렇게 보입니다.

가령, 기업이랑 개인이 있다고 해보죠.

기업은 돈이 많아요. 비트코인을 많이 사죠. 개인은 돈이 없어요. 비트코인을 조금 사죠.

그런데 가게에 가서 쌀을 사려면 비트코인을 내야한다고 해보죠.

직원들 임금을 비트코인으로 준다고 생각해보죠.

사람들은 비트코인을 받아서 자기 지갑에 둘 겁니다. 자기 컴퓨터에 두겠죠. 웹하드에 두거나 아무튼 저장할 겁니다.

그런데. 만약에 암호를 잊어버리면요?

그 지갑은 아무도 못 엽니다. 한달 월급이 사라집니다. 잃어버리는 거랑 같죠. 컴퓨터를 포맷하면요? 돈이 녹는 거죠.

아무 것도 안 남습니다.

그러면 비트코인은 외장하드에 넣어 안전하게 보관하고 기축통화로만 삼으면 어떨까요?

누구의 지갑에 얼마가 들어 있는지 다 압니다. 전체량이 정해져 있는 게 보이죠.

기축통화가 되기 어렵죠.

게다가 탈중화라는 취지에 어울리지도 않습니다.

개인간 자유로운 거래를 원한건데 기축통화가 된다는 건 또 누군가의 통제에 들어가는 것이거든요.

그렇다면 거래소에 보관하면 어떨까요?

거래소에 비트코인을 보관해두고 필요할 때마다 조금씩 매도해서 현금으로 쓰면요?

그건 그 거래소가 은행이 되는 순간입니다.

탈중앙화라고 해서 은행을 배제한 개인간 화폐를 만든건데

거래소라는 이름만 다른 은행이 생기는 거죠.

사토시 나카모토란 사람은 프로그래머로서 복제 불가능하고 해킹 불가능한 디지털 화폐를 꿈꿨을 수는 있지만 금융 산업의 특수성을 고려하지 못한 거 같아요.

그래서 탈중앙화란 건 애초에 실현되기 어려운 게 아니었나 생각하는 것입니다. 여러 방면을 생각해보더라도 장애가 많으니까 화폐라고 보기는 어렵다고 하는 이야기가 나오는 것 같고요.

대신 투기성 디지털 자산이라고 보는 의견들이 나오는 겁니다. 왜냐하면 가치는 인정받고 거래가 되고 있으니까요.

필자 말씀을 들어보니, 자본세력이나 금융기관들도 가상화폐가 자산일 뿐이라고 이야기합니다.

비트코인이나 가상화폐가 탈중앙화를 외친다고 하니 내심 긴장하였지만 가만히 보니 사람들이 오히려 돈을 다시 중앙으로 가져다주고 있습니다.

각국에서 경기부양을 위하여 통화량을 늘리는데 정작 필요한 곳에 쓰이는 게 아니라 대부분 가상화폐 투자에 쏠리고 있습니다.

그렇게 불어난 돈은 다시 자본세력과 은행으로, 정부로 돌아갑니다. 돈의 흐름의 골고루 쓰이지 못하고 극히 제한된 흐름에서 악순환이 반복되면서 경기는 더욱 어렵게 될 우려가 생깁니다.

탈중앙화라는 가상화폐의 취지(?)와는 전혀 다른 방향으로 흐르게 되죠.

각국 금융계 수장이 이따금 가상화폐를 화폐가 아니라 자산이라고 평가절하하려는 이유가 아닐까요?

비트코인이나 가상화폐가 화폐로서 통용되지 못하고 '자산'이 될 수밖에 없는 이유는 사람들 스스로가 화폐로 인식하고 있지 않기 때문입니다.

화폐라고 부르지만 '아직은' 화폐로 쓸 수 없는 것입니다,

일론 머스크가 주장하듯이 가상화폐를 자동차 사는데 사용해도 된다고 하여도 막상 실제 소비까지 이어지려면 세금부담 등처럼 여러 문제요인이 있는 것이죠.

가령, 비트코인을 채굴하는 사람들은 (심지어 사토시 나카모토의 경우도)비트코인을 채굴해서 시장에 풀지 않고 있습니다.

갖고만 있죠. 소비진작이 안 되는 것입니다.

어떻게 보십니까?

K 화폐가 되려면 우선은 발급량에 무제한성이 필요하다고 봅니다. 사람들이 모을 수 있게 해야죠.

비트코인은 그래서 화폐가 될 가능성이 어렵다고 보는 이유입니다.

총량이 정해져 있거든요.

총량이 정해져 있으면 사람들은 모아서 보관해두려고 할 것입니다. 그러면 가치가 더 올라가니까요.

비트코인, 이름은 코인이지만 디지털 자산인 셈이겠죠.

그런 점에서 가상화폐들 중에 총량발급에 무제한인 코인들이 오히려 화폐가 될 가능성이 있다고 봅니다.

가격도 저렴한 게 좋죠.

가격이 저렴하면서 쉽게 구할 수 있어야

사람들이 많이 모으려고 할 것이겠죠?

쉽게 구하고 쉽게 쓸 수 있어야 화폐가 될 수 있을 것입니다.

필자 그런 생각을 해봤는데요,

마치 '딱지' 같다는 생각을 해봤습니다. 어릴 때 딱지치기하는 그 딱지 말이죠.

사실 그 딱지란 게 종이로 접기만 되거든요. 종이로 접어서 자기만 갖고 있으면 되요. 더 필요하면 더 접고요.

근데 아이들은 서로 딱지를 접어서 들고 나와서 대결을 하죠.

딱지치기를 해요.

그래서 딱지를 따요.

그게 재미가 있습니다.

딱지를 잃잖아요?

다시 또 접어야 해요.

딱지를 공들여 접어서 다시 대결하러 옵니다.

그런 점에서 보면, 화폐란 노동에 의해 얻어지는 가치라고 볼 수도 있지 않을까요?

일 해서 버는 화폐인 거죠. 누구나 일해서 화폐를 벌 수 있는데 화폐를 많이 갖고 있으면 일을 안 해도 되니까 더 가지려고 하는 게 아닐까요?

K 좋은 비유를 해주셨어요.

화폐란 노동에 의해 얻어지는 가치라고도 볼 수 있죠.

그래서 돈이 많다는 건 노동을 안 해도 된다는 의미가 되고, 돈이 많은 사람은 그 돈을 써서 자기가 할 노동을 다른 사람에게 시킬 수가 있는 거죠.

일정 부분은, 비유하자면 딱지치기의 경우와 흡사하죠?

딱지가 많으면 딱지를 접지 않아도 됩니다. 그런데 딱지가 없으면 딱지를 접어야 해요. 딱지가 많은 사람과 딱지가 적은 사람이 만나서 딱지치기를 합니다.

거래를 하죠.

그러면 어느 한쪽이 딱지를 더 땁니다.

상대방은 가진 딱지 양이 줄어들죠.

딱지를 딴 사람은 상대방이 힘들게 접어온 딱지를 땄다는 쾌감이 생기죠.

상대방은 힘들게 접은 딱지를 잃었으니 그 힘든 노동이 의미없게 되었다는 상실감이 들겠죠?

필자 탈중앙화 화폐가 되려면 가치를 공감받고

그 가치는 변동성이 없거나 거의 균일해야하며 사람들에게 인정받아야 하는데, 말하자면 '내재가치'인 건데 디지털화폐로서 비트코인은 내재가치는 있을지언정 변동성이 너무 크므로 화폐가 되기엔 어렵다고 볼 수 있네요?

그렇다면 누군가가, 가령, 사토시 나카모토가 직접 나서서, 비트코인의 가치변동성을 통제할 수 있다면요?

그렇다면 화폐가 될 수도 있을까요?

K 그 경우에도 발행량이 한정되어 있어서 어렵죠.

시소게임 같은 거죠. 힘의 차이가 생기죠.

비트코인을 누가 더 많이 가졌느냐에 따라 큰 문제가 될 수도 있습니다.

지갑에 보관해야 하는데 누가 얼마 가졌는지 드러난다면 도둑이 들끓을 수도 있고요.

비트코인을 보호해줄 기관이 필요하게 되고요, 남의 비트코인을 훔쳐가거나 빼앗으면 벌을 받는다는 엄격한 법 체제도 필요하겠죠?

그래야 도난이 생길 우려가 줄겠죠?

하지만 관련 법이 불완전한 상태에서는 어떤 일이 생겨도 누구에게 보호해달라 요구하기가 쉽지 않죠.

필자 말하자면, 비트코인을 각국 정부에서 화폐로 인정하고 사람들에게 사용할 수 있도록 법체제를 정비해서 화폐로서 허용해야 하는 것이군요?

K 그런 선결 조건들이 이뤄지지 않는다면

비트코인은 여전히 디지털자산으로만 존재할 가능성이 크죠.

필자 그런 상황이 지속된다면 사토시 나카모토가 세계 부자 순위 1위가 될 수도 있겠네요.

그 사람은 탈중앙화 화폐를 만든다고 해놓고 결국엔 자기만 부자 순위 1위가 되는 결과를 만들게 되네요?

만약 그렇다면 말이지요?

K 아무래도 그럴 가능성이 크다고 할 수 있겠죠?

하하하.

필자 아이러니한 세상입니다.

다음엔 가상화폐의 미래에 대하여 이야기를 나눠보도록 하겠습니다.

과연 가상화폐가 허용이 된다면 말이죠.

언제가 될 지는 모릅니다만 만약 된다는 가정하에 가상화폐의 미래에 대하여 긍정적인 요소를 짚어보려고 합니다.

K 네네.

04

가상화폐의 미래
– 디지털화폐경제에 대해 알아볼까요?

필자 가상화폐의 미래에 대해 이야기해보죠

K 네네

필자 가상화폐, 만약에 가상화폐가 실제로 화폐가 된다면 언제부터, 어디서부터일까요?

인터넷에서 결제하는데 먼저 쓰일 것이고, 오프라인 가게에서 지불수단이 될 수 있을 것입니다.

그런데 실생활에서 사용될 수 있으려면 전제 조건이 필요합니다.

복제를 막고, 해킹을 막고, 화폐로서의 가치를 공증해줄 권력이 필요합니다. 화폐가 되려면 가치저장 수단은 안 되더라도 가치인정이 필수이기 때문입니다.

가치인정을 공감받지 못하면 무질서가 필연적으로 생기게 됩니다.

가치정도를 두고 사람들이 싸우면서 거래는 끊어지고 그 생태계는 소멸될 운명에 처하게 될 것이라는 것이죠.

그래서 가상화폐 생태계를 위한 새로운 통제장치가 필요하게 될 수 있는데 그게 사람이 아니라 인공지능이 될 수도 있습니다.

사람들이 사람을 못 믿는 상황에서 컴퓨터프로그램에게 판단을 맡기게 되는 것이죠.

컴퓨터가 만든 돈을 컴퓨터가 통제하는 상황이 벌어집니다.

아무도 경험하지 못한 극도의 통제지옥이 탄생하지 않을까요?

왜냐구요?

비트코인 채굴은 사람에게나 어려운 일이기 때문입니다.

인공지능으로선 무궁무진하게 가상화폐를 만들 수 있고 비트코인 채굴도 금방 쉽게 할 수 있어서입니다.

인공지능이 시키는 거 잘 듣는 사람들에게만 가상화폐가 주어질 수 있습니다.

어떻게 생각하십니까?

K 제가 보는 가상화폐의 미래는

이 지구의 것이 아니라는 점입니다.

비트코인은 디지털자산일 뿐이라고 하고

화폐가 될 수 없다고 주장하는 사람들은

각국 금융 기관장과 일부 사람들입니다.

그들과 반대로 비트코인이 가상화폐로 인정받게 될 것이라고 기대하는 사람들도 있습니다.

필자 네, 그렇죠.

K 그런데 말이죠,

양쪽 모두의 공통점이 있습니다. 바로 지구의 일에 국한되어 말한다는 점입니다.

사람들의 생활권역이 지구이기 때문에 그렇겠죠?

우주정거장에 살아가는 우주인들이 있지만

그들은 지구에서 식료품을 가져가거나 우주선이 식료품을 날라다 주니까 완전한 우주 기반 생활을 하는 건 아니죠.

그래서 사람들의 생각이 아직은 지구상의 문제로만 생각할 수밖에 없는 것이겠고요.

필자 아, 잠깐만요,

K님은 그렇다면 우주에서의 상황을 생각하시나요?

어떤 점에서요?

우주에서 사용하는 화폐로서요?

K 사람들이 살아가는 이 지구에는 각 나라가 있고 각 나라의 화폐가 있습니다.

기축통화로 사용되는 달러도 있죠.

각 나라들 간 무역거래에서 사용되는 화폐를 기축통화, 즉,

넓은 의미의 기축통화 화폐로 생각해보자면 엔화, 위안화, 프랑 등, 여러 나라의 화폐들도 떠올릴 수 있을 것입니다. 그런데 그건 모두 이 지구상의 문제라는 거죠.

필자 음, 그래도 이 글을 읽는 분들에 따라 어느 분은 이야기가 갑자기 산으로 간다고도 생각하실 수 있을 것 같습니다. 보충 설명을 좀 해주신다면요?

K 개연성 있는 상상을 해본 건데요. 가상통화가 인터넷 공간에서 이뤄지는 지불수단이라고 보는 게 일반적이겠죠? 아직까지는요.

필자 네네.

K 그런데 일론 머스크가 계획하는 화성 이주사업도 있고 제프 베조스가 계획하는 우주 관광사업도 있습니다. 이 계획들이 꿈만은 아닌 것이 화성탐사가 이뤄지고 있는 게 현실이기도 해서 그렇습니다.

필자 음. 그렇다고 하더라도 화성 이주가 바로 이뤄지리라는 보장도 아직은 구체적이지 않고요, 언제 가능할지 모르는 미래에 대해서 화성에서 사용할 새로운 화폐가 될 수 있다고 단정짓기엔 다소 무리수가 있지 않을까요? 평소에 제가 우주에 대해 관심을 두지 않고 살아서 그런지 몰라도 다소 뜨악 하는 느낌이 없진 않습니다.

화성에 이주해서 쓸 수 있는 암호화폐? 가상화폐라?

그게 언제쯤 될지, 아니면 실제로 될 수 있을지도 모르는 상황에서 이거다! 싶게 받아들이기란 제가 아직 내공이 부족한 듯 합니다만.

K 하하하.

제가 드리려는 말씀은 지금부터입니다.

필자 네?

K 필자님은 드론택배, 로봇배송, 로봇서빙 이야기는 아시리라 봅니다.

어떠세요?

필자 그렇죠. 그건 알죠. 압니다만?

K 필자님께서 식당에 가셨습니다.

로봇이 서빙합니다.

앞으로는 로봇에 의해 손님식탁에서 바로 결제도 이뤄집니다.

필자님께서는 로봇에게 어떤 돈을 내시겠습니까?

필자 음.

식사하고 일어선 후 카운터에 가서 카드로 하면 안 되고요?

현금 내거나요?

K 앞으로는 카운터에서 결제하는 일이 사라질 겁니다.

인건비가 비싸고요, 사람이 서빙하다가 카운터에 가서 결제하거나 그런 상황은 비효율적이죠.

가정이라고 하셔도 좋습니다.

필자님이 식사를 마친 후 결제받으러 온 로봇에게 어떤 지불 수단을 쓰시겠습니까?

필자 음. 큐알코드로? 아니면 카드로?

아니면 이런 경우에 가상화폐를 출금하게 된다는 건가요?

K 현금결제도 가능하겠지만 로봇이 지갑을 갖고 다니거나 돈통을 갖고 다닐 때라야 가능하겠죠?

위폐감식을 할 수 있어야 하고 금액도 확인할 수 있어야 하고 몇 가지 어려움이 생깁니다.

그렇다면 신용카드나 큐알코드 결제가 될 수 있겠죠?

계좌이체도 가능할 겁니다.

하지만 로봇도 기계이고 해킹 위험에서 자유롭지가 않습니다.

남은 결제방법은 뭐가 될까요?

필자 아하.

K 화성 이주는 먼 이야기일 수 있지만 로봇서빙은 현재도 이뤄지는 일입니다.

로봇과 돈을 주고받는 방법은 가상화폐 지급이 가장 적합하겠죠? 테이블에 부착된 디스플레이를 작동해서 결제할 수도 있고요.

이 경우에도 안전하고 빠른 결제라면?

가상화폐 결제가 사용될 수 있습니다.

필자 그럴 수도 있겠네요.

흠.

K 필자님은 예전에 로봇이 서빙하는 식당을 상상하신 적 있으실까요?

한 가지 더 질문을 드려볼게요.

필자님 전기자동차 타십니까?

필자 아니요.

그리고 저는 휘발유 차입니다.

K 네. 그런데 앞으로 전기차가 늘어나겠죠?

필자 그렇겠죠?

왠지 부담스러운데요. 답변드리기가.

뭔가 제가 모르는 게 또 나올까 해서요.

K 하하하.

아닙니다.

이 경우는 어떠세요?

필자님이 전기자동차를 타고 캠핑을 갔습니다. 차박도 할 수 있죠. 그런데 마침 핸드폰 전원이 꺼졌습니다. 고장났다고 해두죠.

식료품을 배송시켜야 하는데 인터넷쇼핑몰에서 주문을 해

야 합니다. 결제도 해야 하죠. 어떻게 할 수 있을까요?

지갑은 없고, 산속입니다. 배송은 됩니다. 드론이 갔다 준다고 해보죠. 주문만 하시면 됩니다.

필자 글쎄요. 핸드폰이 되면 그걸로 인터넷 접속해서 쇼핑하고 주문하면 될텐데.

뭐가 좋을까요?

K 전기자동차.

필자 네?

K 전기자동차는 이동수단이 아닙니다.

앞으로 전기자동차는 지갑이 되고 게임기가 되고 집도 됩니다.

침실도 되죠.

조금 더 기술이 발달하면 비행기도 됩니다.

전기자동차 안에서 필자님이 하실 수 있는 일은 필자님이 집에서 하시는 일과 다르지 않을 것입니다.

필자 전기자동차에서 쇼핑을요?

K 네. 디스플레이가 있습니다.

전기자동차 안에요. 인터넷이 됩니다.

일론 머스크는 지구 하늘에 위성을 띄워서

세계 어디에서든 인터넷이 되게 만들고 있죠. 전기자동차 안에서 쇼핑몰에 접속하고 주문을 하게 됩니다.

결제는 뭘로 하시겠습니까?

필자 어허. 흠. 이번엔 뭐가 답인지 알 것 같은데요, 더 말씀드리가 어렵네요.

이번에도 가상화폐가 될까요?

K 신용카드로도 되겠죠?

하지만 인터넷 환경이 와이파이라는 점을 감안해주세요.

불안할 수 있죠.

게다가 여행 가신 곳이 외국이라면요?

더더욱 가상화폐의 필요성이 커지겠죠?

필자 가상화폐의 효용성이 커지는 미래사회가 된다는 의미 같습니다.

맞나요?

K 비트코인은 탈중앙화 화폐로서 세상에 등장했습니다.

뒤이어 가상화폐들이 줄줄이 등장했습니다.

일부는 기존에 게임에서 사용하던 것도 있고요, 일부는 블록체인 기술을 바탕으로 온라인 플랫폼 내에서 지불수단으로 등장했습니다.

그런데 사람들이 사용하는 플랫폼들이 덩치가 커지고 있습니다.

공유플랫폼, 배달플랫폼, 쇼핑플랫폼, 게임플랫폼, 동영상 플랫폼, 1인방송플랫폼, 저작권투자플랫폼 등등.

세상은 점점 플랫폼화가 되어가고 있는 것 같아 보입니다. 그런데 플랫폼에서 유료결제를 하려고 보면 가상계좌입금, 신용카드, 무통장입금, 계좌이체, 핸드폰, 마일리지결제, 쿠폰결제, 상품권결제 등이 있습니다. 거기에 '가상화폐 결제' 메뉴가 더 생긴다고 해서 이상할 게 전혀 없습니다. 더구나 일론 머스크는 결제대행 서비스인 페이팔이라는 사업으로 재벌이 된 사람이고요.

필자 말씀을 들어보면, 이미 가상화폐 결제가 사용되는 환경은 갖춰졌다. 미래에는 우주에서도 화성 이주해서도 사용될 수 있는 게

가상화폐라는 말씀처럼 들립니다.

K 가상화폐의 미래에 대해 말씀을 드리는 것이죠.

필자 K님의 말씀에 전적으로는 아니지만 그럴 만한 가능성은 충분히 있다고 생각합니다.

다만 문제는 '가상화폐의 가격 변동성'을 어떻게 통제할 것인가가 가장 중요한 문제라고 보여지는데요. 이 점에 대한 의견은 어떠십니까?

K 가상화폐의 가격변동성에 대해 의견을 드리기에 앞서 '기축통화'에 대해 말씀드려야 될 것 같은데요,

가령, 각 나라는 자국에서 화폐를 발행하고 사용합니다. 그런데 자국에서 화폐를 만들지 않는 나라들도 있습니다. 유

럽의 경우엔 유로화를 사용하는 것이죠. 이처럼 세계 모든 나라에서 사용할 수 있는 돈을 '기축통화'라고 부릅니다.

현재는 미국이 자국 내에 금 보유량을 기준으로 만들어내는 미국 달러화를 세계 각국에서 기축통화로 사용하는 것이죠.

그런데 미국 대륙에 금이 얼마나 많은지 아무도 모르는 거라서 사실상 미국 달러화는 무한대로 발행하고 있는 것이고요.

그렇다면 국가간 환율이란 무엇일까요?

각 나라의 화폐를 교환할 때 비율이죠?

이러한 환율은 각 나라의 물가, 생산성, 금리 등의 여러 요인에 따라 결정되는 것이고요.

자, 그럼 생각해 보죠.

가상화폐는 대부분의 나라에 거래소에서 거래가 이뤄지고 있습니다. 일단은 세계에서 사용할 수 있는 요건은 갖췄다고 보입니다.

그렇다면 생산량은 얼마나 될까요?

각 플랫폼에서 허용하는 범위 내에서 만들죠? 무한정으로 만들어내는 가상화폐도 많습니다.

그런데 가상화폐는 비트코인을 기준으로 교환비율이 결정되고 거래됩니다. 비트코인 몇 개에 어느 가상화폐 몇 개

식으로 정해지죠.

이러한 비율은 거래소에서 매매가 되는 각 가상화폐별 가격 차이에 의해 결정되어지는 것이고요. 게다가 거래는 하루 24시간 계속 이뤄집니다.

그렇다면 가상화폐의 가격변동성이란 가상화폐가 어느 만큼 매매가 이뤄지느냐에 따라 결정된다고 할 수 있죠.

그런데 문제는 이게 일정하지 않고 변동성이 너무 크다는 데 있죠.

이러한 변동성을 규제하려면 각 나라에서 일정량의 가상화폐를 갖고 있으면서 자국 경제에 도움되는 방향으로 환율을 방어해야 합니다.

각 국에서 가상화폐를 보유해야 한다?

그 의미는 가상화폐를 인정해야 하고 제도권으로 편입시켜야 한다는 것이 되죠.

지금 상황으로서는 현실화 되기 어렵게 보이는 이야기죠. 각국에서 가상화폐를 화폐로 인정하지 않고 있으니까요.

그렇다면 만약에 가상화폐가 제도권으로 인정이 되고 각국에서 보유량을 늘려서 가상화폐 가격변동성을 방어하게 되는 상황이 온다면?

그 시점은 언제가 될까요?

필자　음.

각국에서 가상화폐를 보유하고 가격변동성에 대해서도 자국 이익을 위하여 방어하는 상황이 된다면?

그런 상황이라면 가상화폐로 그 나라의 생산성이 확인되는 상황이 오면 가능하겠죠?

환율이란 게 각 나라의 금리와 생산성과 물가 등에 의해 결정되는 거라면 말이죠?

K 네. 그렇습니다.

가상화폐로 쇼핑할 수 있는 가게들이 나와야 하고, 가상화폐와 실물화폐의 교환가치도 인정되어야 하고요,

가상화폐가 사용되면서 국민들의 소득이 증가하는 상황이 된다면 가상화폐의 가격변동성은 유지될 수 있는 것이겠죠?

필자 얼핏 생각하면 가능하겠다 싶은 것이요, 현재 실물화폐로 가상화폐를 사고 있고요, 가상화폐 거래로 국민들의 투자소득이 오르고 있고요, 가상화폐를 사용할 수 있는 가게들이 하나둘 늘어나고 있거든요.

K 네. 그렇죠?

그래서 제가 힘을 주어 말씀드리는 이유가 그건데요, 각국 정부에서 가상화폐를 인정하지 않고 디지털자산이라고 하더라도 사용처가 늘어난다면, 투자자가 늘어난다면 제도권으로 편입될 수밖에 없을 것 같아요.

문제는 그 시점이 언제가 되느냐의 것이죠.

필자 음.

만약에 그렇게 전망하는 사람들이 있다면 가상화폐를 미리 사두려고 하겠는데요? 특히 비트코인이나 이더리움이나 거기서 파생된 가상화폐들을 우선적으로요.

그런데 가격이 너무 비싸다고 생각되면 그것도 문제네요?

K 과연 그럴까요?

돈이 될지 안 될지 가장 빨리 알아채는 사람들은 누굴까요?

필자 그거야 뭐 돈 있는 사람들이겠죠?

K 그렇다면?

필자 그렇다면?

음.

제가 아는 사람인가요?

K 하하하.

어쩌면 이미 알고 계실지도 모르죠?

필자 음.

가상화폐라?

돈 많은 사람들이라? 어, 세력들?

K 네.

세력들은 절대로 돈 함부로 쓰지 않습니다.

그들이 가상화폐를 거래하는 이유는 쓸모 없는 디지털 파일인데도 단지 돈이 벌려서가 아니라고 봐야죠.

그게 돈이 될 거라는 걸 아는 거죠.

필자 아하. 소름 돋는데요?

K 세력들은 돈을 벌다가도 가상화폐가 제도권으로 편입될 거 같다는 상황이... 점점 그 시기가 온다고 하면 가상화폐 보유량을 늘리려고 할 겁니다.

그런데 가상화폐 가격이 너무 높다면요?

필자 아... 가격을 하락시키는?

K 사람들은 2017년에도 이미 한 차례 가상화폐 폭락을 경험했어요.

그래서 투자를 했던 사람이라면 가상화폐 차트만 보고도 단박에 알죠. 그러므로 아무도 눈치 못채게 아니면 눈치채는 게 힘들게 가격하락을 서서히 하려고 들겠죠?

필자 아하.

K 김치프리미엄을 빼려고 할 것이고요. 이러한 방식으로 가격하락은 글로벌 시세까지 모두 하락하게 만들려고 할 겁니다.

왜냐하면 가상화폐를 제도권으로 편입시키기 위한 사전 작업인 것으로 보이거든요.

세력들이랑 각국 정부가 코인 시장에 남 모르게 진입을 하려는 것이라고도 봐야겠죠?

가격 수준도 거의 형편없이 낮추려고 할 겁니다. 그래야 그들이 많이 사둘 수 있으니까요. 그러면서 투자자들에게는 계속 신호를 주겠죠.

빨리 그정도 손해보고 발 빼라는 식으로요.

그런데 미련 많은 투자자들은 추매를 하거나 존버하려고 들겠죠?

물론, 이 과정에서 대다수 투자자들은 발을 뺄 겁니다.

그래서 어느 정도 시점이 딱 되면?

필자 제도권 편입 뉴스를 내보내고?

K 가격은 순식간에 다시 급등하겠죠?

필자 이야. 만약 그렇다면 그건 기회잖아요?

K 그 상황을 주의하며 지켜보다가 시점을 제대로 타는 투자자가 있다면 그 사람은 큰 돈을 벌겁니다.

그러한 시기는 언제가 될진 아무도 모르죠.

각국 정부에서는 계속 가상화폐를 부정하는 뉴스를 내보낼 것이고요, 세력들은 정부에 발맞춰서 서서히 가격하락을 유도할 겁니다.

이미 그들은 엄청난 현금을 보유하고 있거든요.

개인적인 생각으로는 아마도 재벌들이 먼저 움직일 것 같습니다. 가상화폐 가격이 폭락할 즈음부터 재벌들이 알게 모르게 매수에 나설 것 같아요.

패닉에 손절하고 코인투자에서 손을 떼는 시기, 재벌들이나 세계 각국에 기관들이 가상화폐 매수에 나설 것 같다는 느낌이 들거든요, 특히 비트코인이나 이더리움에 집중하겠지만요.

필자 한 가지 의문인 것은요, 코로나 바이러스 전염병으로 인해서 경기침체가 가중되었다고 볼 수 있잖아요?

재난지원금이다 뭐다 해서 현금유동성이 엄청 많이 풀렸단 말이죠? 그런데 이 돈들이 대다수 가상화폐로 들어갔어요.

가상화폐 단가를 하락시키면 거기에 돈 넣은 투자자들은 손해보는 거잖아요?

K 그렇죠. 그러니까 빨리 돈 빼라고 시그널을 주는 거죠.

필자 그 시점이 언제쯤이 될까요?

어떤 신호가 없을까요?

K 가상화폐 단가가 하락하는데 대출금리도 서서히 오를 기미가 보인다면?

제가 우려하는 그 시점이 오는 겁니다.

정부에서 유동성을 줄이려고 하는 거죠.

아마도 그 시점은 반년 전부터 시작될 거예요. 어느 해가 될진 모르지만요.

그러다가 그 해에 7월 되면 급반등이 올 겁니다. 이 주기는 3월에 하락했다가 4월에 오르고 5~6월에 하락했다가 7월에 급등하면 이러한 급반등의 기회가 가까이 왔다는 신호로 알면 좋을 것 같습니다.

필자 가상화폐가 점점 제도권으로 편입되는
그 시점이 다가온다는 그 시점이겠죠?

K 네네. 다만 세계적으로 어떠한 천재지변만 없다면요.

필자 어떠한?

K 전쟁이라든가 기상이변이라든가 하는 거죠.
전쟁이 터지면 그 나라엔 유동성이 증가합니다.
기상이변에 의해 재난피해가 생겨도 현금이 더 풀리죠. 그러한 사태만 일어나지 않는다면 가상화폐가 제도권으로 들어오는 작업은 계속 이어질 것입니다.

필자 정말 알면 알수록 흥미진진한 이야기가 아닐 수 없는데요.
이번 기회를 통해 많은 분들이 비트코인과 가상화폐에 대해 알 수 있게 되셨기를 바라는 마음입니다. 그리고 어려운 걸음해주시고 시간 함께 해주신 K 님에게 다시 한 번 더 깊은 말씀드립니다.

K 네. 감사합니다.

필자 가상현실과 증강현실, 반증강현실. 드론과 로봇. 자율주행차. 아마존 오지까지 인터넷을 연결하는 통신위성들. 인공지능과 사물인터넷이 일상이 되는 세상에서 비트코인과 가상화폐의 힘은 권력이 될 수 있습니다.

인간은 탈중앙화를 외쳤지만 오히려 그것은 보이지 않는 중앙집권적 권력인 가상화폐에 지배당하는(또는, 가상화폐와 인공지능을 소유한 극소수의 플랫폼에게 지배당하는) 여러분들이 될 수도 있습니다.

세상은 가상자산에 의한 경제로 이동하고 있습니다.

각국 중앙은행에서는 디지털화폐를 준비 중이고 글로벌 기업들은 스테이블 코인을 발행하려고 합니다.

2021년에는 디지털자산 관련 법률들이 시행되거나 발의되었고 2022년부터는 디지털자산에 의한 수익에 대해 소득세 징수를 거론하고 있습니다.

바야흐로 디지털 자산 경제로 급속도로 이동하는 시대에 이 책이 비트코인과 가상화폐에 대한 이야기를 기록해두려는 이유는 곧 다가올 미래를 준비해두려는 첫걸음이기도 하다는 말씀을 드리며 마무리하고자 합니다.

감사합니다.

2013년.
서울.

"제가 재테크 아이템 하나 알려드릴까요? 요즘엔 개당 150
만 원 대인데요, 지금이라도 여윳돈 되는대로 사두시죠. 오래
묵혀 둘 생각하시고요. 이거 가격 많이 오를 겁니다."

서울 지하철 2호선 모 지하철역 근처 저녁식사 모임에서 만
난 남자가 제게 해준 이야기입니다. 자기를 소개하기를 프로
그래머라고 한 이 남자는 마른 체형에 날카로운 눈매를 지닌,
겉모습만으로는 깐깐한 성격의 소유자로 보였습니다. 남자는
제게 이야기를 하더니 의자에 등을 기대고 너털웃음을 지으며
자기 이야기를 믿거나 말거나 그건 제 팔자소관이라는 표정을
짓더군요.

'이 사람이 나를 무슨 호구로 생각하시나? 물건도 아니고
컴퓨터 파일조각 한 개를 수백만 원씩 주고 사두라니? 이 사
람 사기꾼 아냐?'

당시만 하더라도 저는 그 사람에 대해 대뜸 경계심을 갖게 되었고 제 주머니 속에 지갑이 잘 있나 만져보기도 하며 낯선 이의 제안에 의심부터 하기 시작했습니다. 분명 저 사람이 내게 사라고 하는 그것? 뭔가 저 사람에게 이익이 가기 때문에 그러는 것이라고 여겼습니다. 그래서 그 당시에 저는 그냥 웃고 말았죠.

그 후, 시간이 흘러 2021년 3월 시점 기준.
개당 7천만 원을 넘어선 비트코인에 대해 제가 처음 알게 된 순간의 기억입니다.

과연 이 글을 읽는 여러분이 과거에 저였다면 어떻게 대응하셨을까요?

과거의 저와 크게 다르지 않으셨을 거라고 여깁니다. 들도 보도 못한 것은 물론, 비트코인에 대해 알고 있다고 했더라도 선뜻 받아들이고 미리 사두려는 마음이 들었을까요? 아무리 생각해도 도무지 받아들이기 어려운 일이었을 것입니다. 저역시 그랬으니까요.

그런데 지금의 여러분은 어떠신가요?

여러 곳에서 거래되는 비트코인의 가격을 듣게 됩니다. 수천만 원을 넘어 1억 원이 될 것이라는 전망도 들립니다. 사람들의 여론은 나뉩니다. 지금이라도 비트코인을 사둬야 한다, 아니다, 그건 투기이고 도박이다. 가격이 안정성이 없기에 화폐로서 가치가 없다. 아니다, 세계 금융의 변혁이다. 자연스레 가격이 안정되면서 화폐가 될 것이다 등등.

속칭 '가상화폐'에 대한 뉴스를 들으면서도 긴가민가 도무지 이해가 안 되는 일들이라고 생각할 수 있습니다. 게다가 뉴스 내용들도 가만히 들어보면 어려운 전문 용어투성이입니다. 그래서 더더욱 어렵습니다. 책이라도 찾아볼라치면 이건 뭐 머릿속을 더 어렵게 만듭니다.

가상화폐, 암호화폐, 크립토커런시, 토큰, 하이퍼래저, 지분증명, 스테이블 코인, CBDC, 트랜잭션, 블록체인, 해시, 노드, 탈중앙화, 기축통화...

그런데요, 나름 IT 분야 칼럼니스트로 활동한 저로서도 너무 어려운 겁니다.

시중에 출간된 책들을 살펴봐도 이해하기조차 어렵고, 첫 페이지를 넘긴 지 얼마 안 되어서 눈꺼풀은 내려오고 하품만

나왔고요, 인터넷에서 동영상을 찾아보며 비트코인이나 가상 화폐에 대하여 배우려고 하고, 블로그를 검색하며 정보와 자료를 찾아보려는데 제 눈에 쏙쏙 들어오는 내용은 없었습니다.

하나같이 어디서 복사해서 붙여넣기 해둔 글들을 마치 자기 정보인냥 사용하고 있었으니까요.

"비트코인을 배우려는데 더 모르겠어!"
"가상화폐를 알고 싶은데 이건 정말 내 노력이 가상할 정도 뿐인데."

더 큰 문제였죠.

그래서 어떻게 해야 할까 고민하다가, 우선은 시작이나 해보자 하여 무작정 직접 접근했답니다. 시드머니(종잣돈: Seed Money)은 20만원. 물론, 잃어도 되는 돈(?)은 없지만 그나마 부담이 덜한 금액 정도로 가상화폐의 문을 두드려 봤습니다. 이 책이 나올 수 있게 된, 비트코인과 가상화폐에게 다가가는 위대한 첫걸음이었다고 할까요?

그러자 비트코인과 가상화폐가 저의 삶이 되면서 하나둘 모든 정보들이 체감되기 시작하였답니다. 역시 모든 공부는 직접 경험하는 것만큼 좋은 것은 없는 것 같다고 생각하게 된

계기였고요.

20만원을 걸어두고 시세와 변동폭을 보면서 매입하고 매도 해봤습니다. 첫 수익이 생겼죠.

일금 34원.

정말 너무나도 적은 금액일 수 있지만요, 저로서는 그 무엇 보다도 가슴 조이는 순간이었답니다. 내가 코인을 매입하고 코인을 다시 팔아서 낸 수익이었으니까요. 전략은 간단했습 니다.

싸게 사서 비싸게 팔자.

단 몇 원이라도 쌀 때 사서 조금이라도 오르면 팔았던 것이 죠. 첫 수익 34원을 얻고서 저는 조금 더 욕심을 내보게 됩니 다. 이번엔 10만 원씩 두 개의 코인에다가 매입을 걸었고요, 며칠을 지내봅니다. 그러자 총금액이 38만 원이 되었습니다. 그런데 그 다음엔 얼마나 더 올랐는지 아시나요? 28만 원어 치를 매입했는데 50만 원이 넘어갔습니다. 어느 코인은 100% 가 넘는 수익률을 만들어줬고요.

그렇게 차츰차츰 수익률을 늘려가며 가상화폐를 거래하게 된 이야기를 이 책에 담았습니다. 그렇게 벌어들인 수익을 바 탕으로 하여 저는 조금씩 비트코인과 가상화폐란 무엇이며 어 떠한 전망을 갖고 있는지에 대하여 더 관심을 기울일 수 있었던 것이죠.

"제가 코인을 매수하면 가격이 떨어지네요? 왜 이러죠?"
"제가 매도하면 가격이 올라요! 어떻게 하죠?"
"이름이 예쁜 코인을 매수하면 되나요?"
"코인 가격이 상승할 만한 좋은 호재? 뭐 없나요?"
"저는 돈이 많지 않으니까 가장 싼 코인을 매수하려고요."

인터넷에 관련 커뮤니티에는 항상 그런 질문들이 올라왔습
니다.

"하루에 가격 변동폭이 엄청 큰데 화폐로서 역할이 불가능
하지!"
"주식은 배당금을 받거나 회사들로 하여금 고용을 늘리면서
취업에 도움이라도 되지, 코인은 뭐에 쓸려고 하는 거야?"

낙관론자와 비관론자가 있습니다.

한쪽 무리의 사람들은 가상화폐의 가치를 긍정하면서 미래
의 기축통화가 될 것이라고 주장하고, 반대편에 사람들은 화
폐가치가 없으니 도박이라고 주장합니다.

여러분의 의견은 어떤가요?

저는 양쪽의 의견을 존중합니다. 일리 있는 주장들이니까요.

그런데 말입니다.

우리의 시야를 더 넓게 볼 필요가 있을 것 같습니다.

가령, IT 기술의 발달 덕분에 인터넷 속의 세상이 현실의 삶에서 이뤄지는 시대에 살고 있는 우리들에 대하여 생각을 해보는 것입니다.

화성(MARS) 이주를 꿈꾸는 사람들이 우주여행을 준비하는 시대라는 점에서, 자율주행차와 드론택배가 등장했고, 실생활에서 아무런 필요 없는 게임 속 아이템의 가격이 천정부지로 치솟는 시대라는 점에서 '가상화폐'의 역할은 어떻게 변할까요?

주식과 비교한다면, 주식시장에 상장될 수 있는 요건에 미달 되는 유망한 중소기업들이 온오프라인에서 사업을 펼치는 데 있어서 '주식(株式)' 대신 '가상화폐' 발행과 유통으로 부족한 자금을 모을 수 있는지에 대하여 연구해볼 가치가 있겠지요. 그래서일까요? 가상화폐를 발행하는 기업들은 대부분 IT 기업들이기도 하네요.

또한, 생각해보면, 지구 밖 우주는 어느 나라의 소유도 아니므로 지구의 화폐가 우주에서도 효력이 있을지에 대하여 고민해볼 수 있겠습니다.

어떠신가요?
비트코인?
가상화폐?
여전히 쓸모없는 것이기만 할까요?
아니면 곧 다가올 미래에 필요한! 어떤 미묘한 가치를 지닌 것일 수도 있을까요?

그 판단은 이제 여러분 곁에 바짝 다가와 있습니다.
아마도 어쩌면 지금 이 순간일 수도 있을 테지만요.